Français

le nouvel

À portée de Mots

CE1
cycle 2

Guide pédagogique

Philippe Bourgouint
Directeur d'école d'application

Eléonore Bottet
Professeur des écoles

Janine et Jean-Claude Lucas
Professeurs des écoles

Robert Meunier
Conseiller pédagogique

PROGRAMMES 2018

hachette
ÉDUCATION

Édition : Marika Da Costa
Création de la maquette intérieure et de couverture : Valérie Goussot et Delphine d'Imguimbert
Mise en pages : MARSE (Séverine Olivier)
Fabrication : Marc Chalmin

PAPIER À BASE DE FIBRES CERTIFIÉES

hachette s'engage pour l'environnement en réduisant l'empreinte carbone de ses livres. Celle de cet exemplaire est de :
0,7000 kg éq. CO_2
Rendez-vous sur www.hachette-durable.fr

www.hachette-education.com
ISBN : 978-2-01-627207-7

Tous droits de traduction, de reproduction et d'adaptation réservés pour tous pays.

Avant-propos

Ce guide pédagogique le nouvel À portée de Mots CE1 suit la même organisation que le manuel de l'élève. Pour chaque leçon il propose :

- un rappel des COMPÉTENCES travaillées ;
- une partie « AUTOUR DE LA NOTION » qui reprend les éléments essentiels de la notion travaillée, met en avant quelques points qui méritent une attention particulière (points d'attention) et propose éventuellement quelques activités de manipulation supplémentaires (activités de manipulation) ;
- le CORRIGÉ DES ACTIVITÉS ORALES (découvrons et manipulons) ;
- le CORRIGÉ DES EXERCICES (je m'entraîne) ;
- une DICTÉE supplémentaire à laquelle nous avons adjoint quelques éléments qui permettront de travailler quelques points difficiles (préparons la dictée) ;
- un RENVOI AUX PHOTOFICHES d'entraînement, de remédiation et d'évaluation qui complètent le manuel.

Les auteurs

Sommaire

Sommaire

le nouvel **À portée de Mots** présente une organisation par domaines. Au sein de l'ouvrage, les séquences sont toutes construites sur le même schéma :

- « DÉCOUVRONS ET MANIPULONS », une partie **à traiter à l'oral**, qui permet, à partir d'un texte court, de **découvrir collectivement la notion.** Cette partie de découverte comprend également quelques exercices de **manipulation**, toujours orale, afin de valider la prise en compte de la notion ;
- « JE RETIENS », un résumé qui fixe **l'essentiel à mémoriser** par les élèves ;
- « JE M'ENTRAÎNE », une partie à réaliser à l'écrit, composé de **nombreux exercices** classés par compétences et gradués en difficulté (de une étoile * à trois étoiles ***) afin de permettre un travail varié et différencié ;
- « J'ÉCRIS – JE M'EXPRIME » pour réinvestir les compétences en **situation d'expression orale ou écrite** ;
- « À TOI DE JOUER » qui clôt généralement la séquence au travers d'un **exercice plus ludique** ;
- « AUTODICTÉE » qui présente un texte ou une liste de mots pour **faire mémoriser** par les élèves du vocabulaire, des tournures syntaxiques ou des difficultés orthographiques.

Dans chaque domaine, des pages « JE RÉINVESTIS MES CONNAISSANCES » fournissent de nouveaux exercices et permettent notamment de prolonger le **travail de révision.** Dans ces pages, des exercices transversaux proposent de travailler en même temps plusieurs compétences étudiées dans les séquences qui précèdent.

Si l'autonomie pédagogique reste le principe de la collection, nous avons néanmoins pensé aux enseignants qui souhaitent disposer d'une **progression annuelle.** Nous avons donc proposé une répartition des séquences en cinq périodes. Cette progression aboutit en fin d'ouvrage à une partie « EXERCICES TRANSVERSAUX » qui propose des exercices pour travailler en même temps plusieurs compétences d'un même domaine ou de domaines différents.

Dans le manuel, les mots concernés par les rectifications orthographiques approuvées par l'Académie française et publiées par le Journal officiel de la République le 6 décembre 1990 sont signalés par un astérisque (*). Dans ce guide, l'enseignant trouvera en fin d'ouvrage (p. 144) des précisions sur cette orthographe rectifiée.

Dans l'enseignement, aucune des deux graphies (ancienne ou nouvelle) ne peut être tenue pour fautive.

Les auteurs

Proposition de progression annuelle

Les numéros de pages sont ceux du manuel.

	Grammaire	Orthographe
Période 1	**1.** La phrase ..... 12 **2.** La ponctuation ..... 14 **3.** Les types de phrases 16	**1.** Les voyelles – les consonnes – les syllabes ..... 44 **2.** Le son [o] (o, au, eau) ..... 46 **3.** Le son [e] (é, ée, er, ez) ..... 48 **4.** Le son [ɛ] (è, ê, ai, ei, et) 50
Période 2	**5.** Le sujet dans la phrase ..... 22 **6.** Le verbe dans la phrase ..... 24 **11.** Les pronoms personnels 36	**5.** La lettre s ..... 54 **6.** La lettre c ..... 56 **7.** La lettre g ..... 58 **18.** L'accord du verbe avec son sujet 80
Période 3	**7.** Le nom ..... 28 **8.** Le nom propre et le nom commun ..... 30 **9.** Le déterminant 32	**9.** La lettre m devant m, p et b ... 60 **11.** Le genre du nom ..... 66 **12.** Le pluriel du nom (s / x) ..... 68 **13.** Le pluriel du nom (ail / aux, al / aux) 70
Période 4	**10.** L'adjectif ..... 34 **12.** Le groupe nominal 38	**5.** Le son [j] (ill, il, ille) ..... 52 **14.** Le genre de l'adjectif ..... 72 **15.** Le pluriel de l'adjectif ..... 74 **17.** L'accord dans le groupe nominal 78
Période 5	**4.** La forme négative 18	**10.** Les mots invariables ..... 62 **16.** La lettre muette en fin de mot ..... 76 **19.** Les homophones grammaticaux (a / à) ..... 84 **20.** Les homophones grammaticaux (est / et) 86

Proposition de progression pour le cycle 2

GRAMMAIRE

CP

La phrase

- Identifier et modifier des phrases

Le sujet et le verbe

- Découvrir et utiliser les pronoms sujets

Le groupe nominal

- Identifier le groupe nominal (nom, déterminant, adjectif)

CE1

La phrase

1. La phrase
2. La ponctuation
3. Les types de phrases
4. La forme négative

Les constituants de la phrase

5. Le sujet dans la phrase
6. Le verbe dans la phrase

Les classes des mots

7. Le nom
8. Le nom propre et le nom commun
9. Les déterminants
10. L'adjectif
11. Les pronoms personnels
12. Le groupe nominal

CE2

La phrase

1. La phrase
2. La ponctuation
3. Les types de phrases
4. La phrase interrogative
5. La forme négative

Les constituants de la phrase

6. Le sujet
7. Le verbe
8. Les compléments

Les classes des mots

9. Le nom propre et le nom commun
10. Les déterminants
11. L'adjectif
12. Les pronoms personnels
13. Le groupe nominal
14. Les classes de mots

ORTHOGRAPHE

CP

De l'oral à l'écrit

- Faire correspondre graphies et sons étudiés
- Écrire sans erreur, sous la dictée, des syllabes, des mots et de courtes phrases dont les graphies ont été étudiées

L'accord dans le groupe nominal

- Découvrir les dérivations masculin/féminin
- Découvrir les dérivations singulier/pluriel

CE1

De l'oral à l'écrit

1. Les voyelles – les consonnes – les syllabes
2. Le son [o] (o, au, eau)
3. Le son [e] (é, ée, er, ez)
4. Le son [ɛ] (è, ê, ai, ei, et)
5. Le son [j] (ill, il, ille)
6. La lettre *s*
7. La lettre *c*
8. La lettre *g*
9. La lettre m devant *m*, *p* et *b*
10. Les mots invariables

Orthgraphe grammaticale

11. Le genre du nom
12. Le pluriel du nom (*-s*, *-x*)
13. Le pluriel du nom (*-ail*/*-aux*, *-al*/*-aux*)
14. Le genre de l'adjectif
15. Le pluriel de l'adjectif
16. La lettre muette en fin de mot
17. L'accord dans le groupe nominal
18. L'accord du verbe avec son sujet

Les homophones grammaticaux

19. Les homophones a / à
20. Les homophones est / et

CE2

De l'oral à l'écrit

1. La lettre s : [z] ou [s] (*s*, *ss*)
2. La lettre c : [k], [s] ou [ʃ] (*ch*)
3. La lettre *g*
3. La lettre m devant *m*, *p* et *b*
5. Les accents sur la lettre *e*
6. Les mots invariables

Orthographe grammaticale

7. Le genre et le nombre des noms
8. Le féminin des noms (*-e*)
9. Le féminin des noms (*-ère*, *-euse*…)
10. Le pluriel des noms (*-s*, *-x*)
11. Le pluriel des noms (*-ail*/*-aux*, *-al*/*-aux*)
12. Le féminin des adjectifs (*-e*, *-ère*…)
13. Le féminin des adjectifs (*-euse*, *-ve*…)
14. Le pluriel des adjectifs
15. La lettre muette en fin de mot
16. L'accord dans le groupe nominal
17. L'accord du verbe avec son sujet

Les homophones grammaticaux

18. Les homophones (a/à – est/et)
19. Les homophones (ont/on – sont/son)

LE VERBE

CP

Le verbe

- Remarquer que le verbe change selon le temps

Le présent

- Repérer les variations des verbes en -er au présent
- Repérer les variations des verbes être et avoir au présent

CE1

Le verbe

1. Le verbe et son infinitif
2. Le verbe conjugué
3. Passé, présent, futur

Le présent

4. Le présent des verbes du 1er groupe (*-er*)
5. Le présent des verbes *être* et *avoir*
6. Le présent des verbes irréguliers du 3e groupe

Le futur

7. Le futur des verbes du 1er groupe (*-er*)
8. Le futur des verbes *être* et *avoir*
9. Le futur des verbes irréguliers du 3e groupe

L'imparfait

10. L'imparfait des verbes du 1er groupe (*-er*)
11. L'imparfait des verbes *être* et *avoir*
12. L'imparfait des verbes irréguliers du 3e groupe

Le passé composé

13. La formation du passé composé

CE2

Le verbe

1. Le verbe et son infinitif
2. Le verbe conjugué
3. Passé, présent, futur

Le présent

4. Le présent des verbes du 1er groupe (*-er*)
5. Le présent des verbes *être* et *avoir*
6. Le présent des verbes irréguliers du 3e groupe

Le futur

7. Le futur des verbes du 1er groupe (*-er*)
8. Le futur des verbes *être* et *avoir*
9. Le futur des verbes irréguliers du 3e groupe

L'imparfait

10. L'imparfait des verbes du 1er groupe (*-er*)
11. L'imparfait des verbes *être* et *avoir*
12. L'imparfait des verbes irréguliers du 3e groupe

Le passé composé

13. Temps simples et temps composés
14. Le passé composé

LEXIQUE

CP

Le mot et son sens

- Découvrir des homophones lexicaux courants

La structure des mots

- Découvrir des familles de mots
- Découvrir quelques catégories sémantiques

Les mots pour s'exprimer

- Poser des questions
- Décrire des images
- Utiliser des mots précis pour s'exprimer

CE1

Le mot et son sens

1. L'ordre alphabétique
2. La recherche dans le dictionnaire
3. L'article de dictionnaire
4. Les synonymes et les antonymes
5. Les mots-étiquettes
6. Les familles de mots
7. Les niveaux de langue

Des mots pour s'exprimer

8. Se repérer dans le temps
9. Se repérer dans l'espace
10. Décrire une image
11. Poser une question
12. Répondre à une question
13. Se présenter, se décrire

Vocabulaire de l'univers familier

14. L'école
15. La classe
16. Les consignes
17. La représentation du temps
18. La représentation de l'espace
19. Les animaux
20. Les aliments
21. La maison

CE2

Le mot et son sens

1. L'ordre alphabétique et la recherche dans le dictionnaire
2. L'article de dictionnaire
3. Les synonymes
4. Les antonymes
5. Les mots-étiquettes
6. Les champs lexicaux
7. Les niveaux de langue
8. Les familles de mots

Des mots pour s'exprimer

9. Exprimer un lien logique
10. Exprimer un lien chronologique
11. Comprendre des mots inconnus
12. Exprimer un avis
13. Exprimer une sensation
14. Exprimer ses émotions
15. Dialoguer
16. Répondre à une question
17. Présenter un livre

Vocabulaire des disciplines

18. Le corps humain
19. Les objets techniques
20. Les mathématiques
21. Le temps
22. Les espaces géographiques
23. Vivre ensemble
24. Les arts
25. Les sports

1 La phrase

Manuel p. 12-13

Compétences : Identifier une phrase simple. Écrire des phrases qui ont du sens.

Autour de la notion

La phrase est l'unité de base en ce qui concerne la compréhension. Il est important que les élèves l'identifient et la manipulent correctement. C'est pourquoi un grand nombre de leçons de grammaire de l'année lui seront consacrées.
À l'écrit ou dans des situations de lecture (exercices ou lectures plus longues), les élèves devraient identifier assez facilement la phrase en constatant la présence de la **majuscule** et du **point**. La difficulté principale réside dans le fait que les mots doivent produire du **sens**. Il conviendra donc d'insister sur le vocabulaire et la syntaxe pour s'assurer du sens de la phrase. Attention, bien que correcte du point de vue syntaxique, la phrase « *La carotte mange le lapin.* » n'a pas de sens dans notre monde.

→ *Activités de manipulation*

Pour insister et travailler sur le sens de la phrase, faire remettre dans l'ordre des étiquettes-mots. Demander si la phrase a du sens.
Faire remarquer un mot manquant, ou au contraire un mot en trop.
Substituer un mot ou un groupe de mots à la place d'un autre.

→ *Points d'attention*

Il est important que les élèves ne confondent pas les phrases et les lignes. Pour cela, il faut régulièrement faire compter les lignes et les phrases d'un texte, proposer des phrases écrites sur plusieurs lignes ou au contraire plusieurs phrases écrites sur une ligne. Du reste, il est important de faire de fréquents aller-retours entre l'écrit et l'oral. Si l'oral semble plus intuitif, il est souvent difficile d'extraire une phrase dans la production des élèves. On veillera donc à travailler la production de phrases à l'oral, afin que cela puisse devenir une aide pour l'élève lors du passage à l'écrit. On demandera aux élèves de produire une seule phrase courte et simple, à partir d'un mot donné par exemple. Même si elles ne font pas l'objet d'une étude systématique, il ne faut pas hésiter à montrer des phrases un peu différentes : phrases complexes, phrases pronominales.

→ *Pistes de différenciation ou remédiation*

Ritualiser le comptage des lignes et des phrases.
Utiliser un repère visuel pour les majuscules et les points (à colorer ou à entourer).
Travailler avec des phrases plus compliquées : plus longues, comprenant des noms propres.

Corrigés des activités

Découvrons et manipulons

Recherche en collectif à l'oral

1 Il y a 8 lignes dans le texte.

2 **a)** Il y a 5 phrases dans le texte.
b) On repère une phrase grâce à la majuscule qui la commence et au point qui la termine.

3 Lecture orale

4
- La voiture roule dans la rue.
- Les sirènes nagent avec les poissons.
- Le musicien joue du violon.

Ces phrases commencent par une majuscule, terminent par un point et ont du sens.

Application en collectif à l'oral

5
- Les spectateurs applaudissent.
- Tu attrapes le ballon.
- Maman prépare un gâteau.
- Hugo court dans le jardin.
- La grenouille saute sur l'herbe.

6
- Le ~~promeneur~~ chien va sauter.
- Je prends ~~tombe~~ ma trottinette.
- Alix récite ~~mon~~ sa leçon.

Corrigés des exercices

Je m'entraîne

Identifier une phrase simple

7 * **b.** Louise allume les lampes.
d. Le dragon dort dans une grotte.

8 * **a. E**lle prend son parapluie.
b. Le bateau arrive au port.
c. Mon chat dort près de la cheminée.
d. Je lis une bande dessinée.

9 **a.** Tom a réussi ses examens.
b. Elle dessine un portrait.
c. La piscine ouvre à huit heures.
d. Le crocodile sort de la rivière.
e. Les étoiles brillent dans la nuit.

Écrire des phrases qui ont du sens

10 **a.** Le **chien** dort dans sa niche.
b. Nous dînons **au restaurant**.
c. Inès **découpe** du papier.
d. **L'avion** décolle.
e. La chanteuse prend **un micro**.

11 **a.** Noah envoie une **carte** postale.
b. L'oiseau fait son **nid** dans l'arbre.
c. Il achète des **poires** au marché.
d. Tu ranges ta **chambre**.

12 Madame Vorace Grato est une voleuse. Elle a cinq cent sept ans et des dents très pointues. Elle voulait me capturer et m'enfermer pour toujours dans sa grotte, mais je me suis montrée trop maligne pour elle.

Abby Hanlon, *Dorie la Fripouille entre en CP*, trad. Lucile Galliot, © Hachette Livre, 2015.

J'écris – Je m'exprime

13 Production libre

14 Production libre

À toi de jouer

La souris grignote du fromage.
Le prince danse au bal.

Dictée

Lola saute dans les vagues. Elle éclabousse sa maman. Ensuite, elle joue sur le sable.

Différenciation

→ *Remédiation : voir Photofiche Grammaire 1R.*
→ *Entraînement : voir Photofiche Grammaire 1E.*

Évaluation

→ *voir Photofiches Grammaire Évaluation.*

2 La ponctuation

Manuel p. 14-15

Compétences : Identifier et utiliser les différents points à la fin d'une phrase.

Autour de la notion

La ponctuation est une aide importante pour les élèves lors de la lecture. Les points marquent **la fin de la phrase** et indiquent que l'**on peut s'arrêter** pour interroger le sens de ce qui est lu.
De plus, les différents points permettent d'exprimer des intentions différentes de la part de celui qui parle.

→ Points d'attention

Les points étant une aide forte pour la lecture et la compréhension, il est intéressant de proposer différentes modalités afin que les élèves les respectent bien : faire lire en marquant des pauses entre chaque phrase ; changer de lecteur à chaque phrase ; mettre le ton en respectant le type de point qui termine la phrase (après avoir préparé la lecture ou lors d'une relecture).

Pour bien comprendre les phrases exclamatives, on demandera aux élèves quels sentiments sont exprimés dans la phrase.

→ Piste de différenciation ou remédiation

Élaborer et afficher une liste de différents sentiments rencontrés dans des phrases exclamatives. Demander régulièrement aux élèves en se référant à cette liste quels sont les sentiments exprimés dans des phrases exclamatives.
Pour ceux ayant encore des difficultés de lecture, on pourra travailler les intonations à l'oral : soit en répétant des phrases lues par des camarades, soit en produisant directement des phrases à l'oral.

Corrigés des activités

Découvrons et manipulons

Recherche en collectif à l'oral

1 On sait que la phrase se termine grâce au point.

2 **a)** Les phrases en couleur se terminent toutes par des points différents (point d'interrogation, points de suspension et point d'exclamation).
b) La phrase qui pose une question est « *Est-il dangereux ?* ». On peut la reconnaître grâce au point d'interrogation.

3 Le point d'exclamation sert à insister sur la phrase et exprime un sentiment fort (ici, un sentiment d'urgence, de panique, de peur).

Application en collectif à l'oral

4 Lecture orale

5
- Mon chien joue avec le chat des voisins.
- Aimes-tu les carottes **?**
- Tu m'as fait peur **!**
- Elle est en vacances.

Corrigés des exercices

Je m'entraîne

Identifier les différents points à la fin d'une phrase

6 * **a.** Cet animal est-il dangereux ?
b. Le tapir mange des plantes**.**
c. C'est une catastrophe !
d. L'escargot rentre la tête dans sa coquille**.**
e. Où est la panthère ?
N.B. : Les points d'interrogation sont soulignés, les points d'exclamation sont encadrés et les points sont en gras.

7 * **b.** Quelle heure est-il ?
c. Pouvons-nous dîner dehors ?
d. Qui m'appelle ?

8 * **a.** Cette chanson est très émouvante !
b. Vous lancez le ballon très fort !
d. Quelle bonne idée de venir ici !

9 **

point	point d'interrogation	point d'exclamation
c. La sorcière cherche son balai. **d.** Elle pousse la porte du jardin.	**a.** Qui est le héros du livre ?	**b.** Vous avez une imagination débordante ! **e.** Tu as renversé le lait sur la table !

Utiliser les différents points à la fin d'une phrase

10 * **a.** Le merle mange des vers de terre**.**
b. Cette soirée était vraiment réussie **!**
c. Peux-tu venir m'aider **?**
d. Oh non, j'ai oublié mon cartable **!**

11 ** C'est l'anniversaire de Lucas**.** Sa maman lui offre un poisson rouge**.** Qu'il est beau **!** Il le met dans un bocal**.** Que faut-il lui donner à manger **?**

J'écris – Je m'exprime

12 * À l'oral

13 ** Production libre

À toi de jouer

Que dessines-tu ? (queue – dé – scie – nœud – tu)

Dictée

Noa cherche son cartable. Il est dans la cuisine ou dans sa chambre ? Il a disparu !

→ Préparons la dictée

Lire une première fois la dictée. Les élèves doivent rester attentifs et ne rien écrire.
Mettre le ton et marquer des pauses accentuées entre chaque phrase afin de faire comprendre quels points utiliser.

Différenciation

→ *Remédiation : voir Photofiche Grammaire 2R.*
→ *Entraînement : voir Photofiche Grammaire 2E.*

Évaluation

→ *voir Photofiches Grammaire Évaluation.*

3 Les types de phrases

Manuel p. 16-17

Compétences : Identifier et utiliser les différents types de phrases.

Autour de la notion

En CE1 l'élève doit reconnaître les 3 types de phrases : déclaratives, interrogatives et impératives.
Dans la leçon précédente, nous avons indiqué que les différents points permettent d'exprimer des intentions différentes de la part de celui qui parle ou de celui qui lit. L'élève s'appuie sur les signes de ponctuation pour construire du sens et il rend sa lecture orale plus expressive. Il utilise ainsi les signes de ponctuation à l'oral et à l'écrit pour commencer à reconnaître les types de phrases.
Noter que tous les types de phrases peuvent se mettre à la forme négative.

→ *Points d'attention*

Les types de phrases se caractérisent également par certaines constructions grammaticales.
Avec par exemple l'inversion, l'absence du sujet, ou l'utilisation des mots interrogatifs. En CE1, on le fera simplement remarquer.

Noter que les phrases impératives ne se terminent pas nécessairement par un point d'exclamation.

→ *Piste de différenciation ou remédiation*

Chaque lecture sera l'occasion de faire reconnaître aux élèves les différents types de phrases et de faire varier, à la lecture, les intonations :

- La phrase déclarative qui permet de donner une opinion ou de raconter un événement.
- La phrase interrogative qui permet de poser une question.
- La phrase impérative qui permet de donner un ordre ou un conseil.

Pour ceux ayant encore des difficultés de lecture, on pourra travailler les intonations à l'oral : soit en répétant des phrases lues par des camarades, soit en produisant directement des phrases à l'oral.

Corrigés des activités

Découvrons et manipulons

Recherche en collectif à l'oral

1 Elle sert à donner des informations.

2 **a)** Elle sert à poser une question.
b) Elle se termine par un point d'interrogation.

3 Le papa de Nicolas donne un ordre.

Application en collectif à l'oral

4 Connais-tu la date de la fête de l'école ?
Combien coûte* un billet de tombola ?

5 Arrête de faire du bruit !
Va te coucher.

Corrigés des exercices

Je m'entraîne

Identifier les différents types de phrases

6 * **a.** Les pêcheurs portent souvent un chapeau de paille.
c. Nous rangeons nos jouets dans un grand coffre en bois.
e. Toutes les vaches du troupeau sont rentrées dans l'étable.

7 * **b.** Comment t'appelles-tu ?
c. Avez-vous emporté un imperméable ?
e. Que vas-tu faire avec ce grand carton ?

8 * **a.** Enlève ton manteau.
c. Écoute bien la consigne !
e. Ouvre cette porte !
g. Fermez vos yeux.

9 **

Phrases interrogatives	Phrases déclaratives
a. Pourquoi doit-on prendre ce chemin ?	**c.** C'est un raccourci pour rentrer plus vite.
e. À quelle date fête-t-on Noël ?	**d.** Nous le fêtons le 25 décembre.
f. Où as-tu trouvé ce vieux manteau ?	**b.** Il était dans une valise au grenier.

Utiliser les bons signes de ponctuation dans les différents types de phrases

10 **a.** Tu dois creuser encore.
b. N'oubliez pas votre pique-nique* !
c. Veux-tu me donner un sucre ?
d. Vous ne pouvez pas vous garer dans cette rue.
e. Venez au tableau !
f. Voulez-vous un éclair au chocolat ?

J'écris – Je m'exprime

11 Production libre

12 Production libre

À toi de jouer

« Ne bougez plus et souriez ! »

Dictée

Julia est malade aujourd'hui. Le docteur donne son diagnostic : « C'est la rougeole ! Prends ce médicament et reste dans ton lit. »

→ Préparons la dictée

Lire une première fois la dictée. Les élèves doivent rester attentifs et ne rien écrire.
Faire remarquer les changements d'intonation qui permettent d'identifier les types de phrases et d'écrire les points qui conviennent.

Différenciation

→ Remédiation : voir Photofiche Grammaire 3R.
→ Entraînement : voir Photofiche Grammaire 3E.

Évaluation

→ voir Photofiches Grammaire Évaluation.

4 La forme négative

Manuel p. 18-19

Compétences : Identifier une phrase à la forme négative.
Transformer une phrase affirmative à la forme négative.

Autour de la notion

Les phrases peuvent se présenter sous deux formes différentes :
– La phrase **affirmative** indique que **l'action exprimée par le verbe se fait**.
– La phrase **négative** indique que **l'action exprimée par le verbe ne se fait pas**.
La négation est formée de **deux mots** qui encadrent le verbe : *ne* ... *pas*. Devant un mot commençant par une voyelle, le *ne* se transforme en *n'*. Certains élèves ne verront pas la négation et auront tendance à coller la lettre *n* au début du verbe. Dans une phrase comme « *Il n'écoute pas* », on peut : faire verbaliser l'infinitif du verbe ; passer à la forme affirmative pour retrouver le verbe et la première lettre ; dire que le *n'* est un mot à lui tout seul et qu'il doit y avoir un espace pour le séparer du mot suivant.

→ Points d'attention

On pourra travailler sur les différents mots de la négation et leurs sens, à partir d'une série de phrases (exemples : *il ne mange pas, il ne mange plus, il ne mange jamais, il ne mange rien*).
- *Ne ... plus* : le sujet faisait l'action mais s'arrête.
- *Ne ... jamais* : s'oppose à *toujours*, notion de temps.
- *Ne ... rien* : s'oppose à *tout*, notion de quantité.

Pour chaque phrase affirmative il existe une phrase négative dont le sens est opposé et inversement. Mais on peut proposer des phrases opposées qui ne sont pas des phrases négatives. Si on demande aux élèves le contraire de la phrase « *L'avion décolle* », ils pourraient aussi bien proposer « *L'avion ne décolle pas* » ou « *L'avion atterrit* ». Il est intéressant de discuter sur le sens de ces phrases. Enfin, il est important d'insister sur la présence du mot *ne* souvent oublié à l'oral.

→ Piste de différenciation ou remédiation

Entourer les mots de la négation pour mieux les visualiser.

Corrigés des activités

Découvrons et manipulons

Recherche en collectif à l'oral

1 **b)** Oui, la souris grignote un bout de papier.
On répond à la question en commençant par *Oui*.

2 **b)** Non, Léo ne voulait pas de mal à la souris.
On répond à la question en commençant par *Non*.

3 La phrase en rouge, que l'on peut commencer par *Oui*, est affirmative. La phrase en bleu, que l'on peut commencer par *Non*, est négative.

4 Si l'on enlève les mots en gras (mots de la négation), le sens de la phrase change. Elle dit le contraire. C'est devenu une phrase affirmative.

Application en collectif à l'oral

5
- Il regarde la télévision.
- Nous avons froid.
- Tu gardes tes vieux jouets.
- Elle appelle le médecin.

6
- Oui, j'aime aller à la piscine. Non, je n'aime pas aller à la piscine.
- Oui, je fais la sieste après le déjeuner. Non, je ne fais pas la sieste après le déjeuner.
- Oui, je suis malade aujourd'hui. Non, je ne suis pas malade aujourd'hui.

Corrigés des exercices

Je m'entraîne

Identifier les phrases affirmatives et négatives

7 * **a.** Les élèves ne sont pas à l'école.
b. Elle ne voit pas le fantôme.
c. Le fantôme ne fait pas peur.
d. Le guide n'est plus avec eux.
e. Manon ne pleure jamais.

8 ** **b.** Ce chien n'est pas méchant.
e. Tu ne prends pas de dessert.

9 ** **b.** Le bébé ne veut plus manger.
c. Il n'ouvre pas les yeux ce matin.
e. Ma tante ne mange jamais de viande.

10 *** Il court. → Il ne court pas.
Il court toujours. → Il ne court jamais.
Il court encore. → Il ne court plus.

Transformer les phrases à la forme affirmative ou négative

11 * **a.** Elle ressemble à ses parents.
b. Vous caressez les lapins.
c. Les vélos roulent sur le trottoir.
d. La fête commence maintenant.
e. Ce hérisson pique !

12 ** **a.** Je **ne** cours **pas** souvent.
b. Elle **n'**accroche **pas** son manteau.
c. Tu **ne** joues **pas** avec ton frère.
d. Les commerçants **n'**ouvrent **pas** leurs boutiques.
e. Il **ne** se lève **pas** de bonne humeur.

J'écris – Je m'exprime

13 * Production libre

14 ** Production libre

À toi de jouer

Il ne lit pas souvent. (île – nœud – lit – pas – sous – vent)

Dictée

Le Petit Poucet marche dans la forêt. Il ne retrouve pas son chemin. Il n'avance plus. Il est perdu !

→ *Préparons la dictée*
Lire une première fois la dictée. Les élèves doivent rester attentifs et ne rien écrire.

Différenciation

→ *Remédiation : voir Photofiche Grammaire 4R.*
→ *Entraînement : voir Photofiche Grammaire 4E.*

Évaluation

→ *voir Photofiches Grammaire Évaluation.*

Je réinvestis mes connaissances

Manuel p. 20-21

Les 13 premiers exercices proposés reprennent chacune des notions étudiées au cours de ce module.
Les 3 derniers exercices transversaux et d'écriture proposés brassent les notions étudiées.

Exercices	Compétences traitées
Exercice 1	Identifier une phrase simple.
Exercice 2	Identifier une phrase simple.
Exercice 3	Écrire des phrases qui ont du sens.
Exercice 4	Identifier les différents points à la fin d'une phrase.
Exercice 5	Identifier les différents points à la fin d'une phrase.
Exercice 6	Utiliser les différents points à la fin d'une phrase.
Exercice 7	Identifier les différents types de phrases.
Exercice 8	Identifier les différents types de phrases.
Exercice 9	Utiliser les différents types de phrases.
Exercice 10	Identifier des phrases à la forme affirmative ou négative.
Exercice 11	Connaître les mots de la négation.
Exercice 12	Transformer des phrases à la forme négative.
Exercice 13	Transformer des phrases à la forme affirmative ou négative.
Exercices transversaux	
Exercice 14	Identifier une phrase simple. Identifier les différents points à la fin d'une phrase.
Exercice 15	Écrire des phrases qui ont du sens. Utiliser des phrases à la forme affirmative et négative.
Exercice 16	Écrire des phrases qui ont du sens. Utiliser les différents points à la fin d'une phrase.

La phrase

1 **C**amille retrouve ses amis dans le parc. **I**ls vont se promener jusqu'au lac. **E**nsuite, ils font un tour sur une barque. **À** midi, ils déjeunent sur l'île.

2 **a.** Vous allumez **un feu**.
b. Carlos **plonge** dans la mer.
c. Vous mangez **à la cantine**.
d. **Les ours** dorment tout l'hiver.
e. Les élèves sont assis sur **un banc**.

3 **a.** Zélie monte sur un **poney**.
b. Des hommes tirent une **corde**.
c. Marc range son **cartable** dans sa chambre.
d. Tu accroches une **affiche** sur le mur.
e. Elles écrivent avec un **crayon**.

La ponctuation

4 **a.** Un infirmier soigne le malade.
b. La princesse embrasse le crapaud **!**
c. Le chien aboie devant sa niche.
d. Avez-vous fermé la porte ?

N.B. : Les points sont soulignés, le point d'exclamation est en gras et le point d'interrogation est encadré.

5 **a.** Les animatrices gonflent les ballons**.**
b. Quelle surprise de te voir à la maison **!**
c. Gabrielle et Albert sont les plus forts **!**
d. L'escargot avance lentement**.**
e. Pourquoi pleures-tu **?**

6 Pourquoi Héléna pleure-t-elle **?** Elle veut des bonbons **!** Mais sa maman n'est pas d'accord**.** Pour la consoler, son frère lui fait un câlin**.**

Les types de phrases

7 **a.** J'ai entendu cette chanson à la radio.
b. Le soleil se lève à l'est.

8

Phrases interrogatives	Phrases impératives
a. Qui est cet homme ? **c.** Pourquoi ris-tu si fort ?	**b.** Faites attention de ne pas glisser. **d.** Ajoutez du sucre à la pâte.

9 **a.** Où as-tu acheté ces pommes ?
b. Qui a construit votre maison ?
c. Comment se nomme ta sœur ?
d. Combien coûte ce livre ?

La forme négative

10 a. **Oui,** elle plonge dans la piscine.
b. **Non,** il n'y a pas de nuages.
c. **Non,** je ne fais plus la sieste.
d. **Oui,** la fleuriste prépare un bouquet.
e. **Non,** le film n'est pas encore commencé.

11 a. Il [ne] traverse [pas] la route.
b. Vous [ne] marquez [plus] de points.
c. Elles [ne] ratent [jamais] un concert.
d. Sophie [ne] veut [pas] se coucher.
e. Je [ne] vais [pas] faire les courses.

12 a. Le facteur **ne** distribue **pas** le courrier.
b. Le chien **n'**aboie **pas** très fort.
c. La navette **n'**atterrit **pas** sur la Lune.
d. Les touristes **ne** regardent **pas** les voiliers.
e. Vous **n'**arrêtez **pas** de jouer.

13 a. Je suis inscrite au cours de karaté.
b. Tes jouets ne sont pas cassés.
c. La moto roule vite.
d. Il ne promène pas son chien.
e. Le loup mange le petit Chaperon rouge.

EXERCICE TRANSVERSAL

14 **a)** « Qui donc fait ce gros bruit dans les nuages ? »
b) « Tu joues à me faire peur, orage de malheur ! »
c) « Est-ce qu'il y a quelqu'un qui fabrique l'orage ? »

EXERCICES D'ÉCRITURE

15 Production libre

16 Production libre

5 Le sujet dans la phrase

Manuel p. 22-23

Compétences : Identifier de quoi ou de qui l'on parle dans une phrase. Utiliser le sujet dans une phrase.

Autour de la notion

Une phrase simple, minimale est formée de deux groupes de mots : le **sujet** et le **groupe verbal**.
Le sujet désigne **ce dont on parle** dans la phrase. On pourra demander aux élèves : « De qui (ou de quoi) parle la phrase ? ». C'est **celui qui fait l'action** exprimée par le verbe. Il est important de savoir repérer le sujet pour comprendre le sens de la phrase et, à l'écrit, pour accorder correctement le verbe.
Pour reconnaître le sujet, il faut l'encadrer par les mots « c'est ... qui » dans la phrase. Cette méthode permet de retrouver **le groupe nominal sujet** en entier, sans oublier le déterminant ou un adjectif.

Le sujet peut se présenter sous la forme de **noms propres**, de **groupes nominaux** ou de **pronoms**.

→ *Activité de manipulation*
À partir d'une phrase donnée, faire produire d'autres phrases en substituant le sujet par un autre. Les phrases produites doivent avoir du sens.

→ *Pistes de différenciation ou remédiation*
Amorcer la phrase « C'est... ? » pour trouver le sujet.
Réaliser deux étiquettes « C'est » et « qui » et chercher à quel endroit de la phrase on peut les insérer (on peut écrire la phrase au tableau en espaçant suffisamment les mots).

Corrigés des activités

Découvrons ensemble

Recherche en collectif à l'oral

1 **a)** On parle de la migration des animaux.
b) C'est **la migration** qui est nécessaire.
c) C'est le sujet qui donne la réponse.

2 **a)** On parle **des animaux migrateurs**.
b) Ce sont **les animaux migrateurs** qui font le plein d'énergie.
c) C'est le sujet qui donne la réponse.

Application en collectif à l'oral

3
- On parle de **Paul**.
- On parle de **la taupe**.
- On parle de **la voiture**.

4
- C'est **mon chien** qui court.
- C'est **Anaé** qui voit flou.
- C'est **une voiture rouge** qui double le camion.
- C'est **le soleil** qui brille dans le ciel.
- C'est **ma tante** qui ne voyage jamais.
- C'est **un avion** qui vole au-dessus de nous.

Corrigés des exercices

Je m'entraîne

Identifier le sujet dans une phrase

5 * **a.** L'oiseau **grossit** avant de migrer.
b. Les animaux **migrent** vers l'Afrique.
c. Tu **remplis** l'abreuvoir pour tes chevaux.
d. Madeleine **est** dans le hamac.

6 ** **a.** Les cavaliers brossent les chevaux.
b. Ma voisine a un joli sac rouge.
c. Le train arrive à la gare.
d. Les enfants débarrassent la table.
e. Les hirondelles annoncent le printemps.

7 *** **a.** Il roule sur l'herbe.
b. Le voleur saute par la fenêtre.
c. Les touristes sont sur le bateau.
d. Elle vole dans le ciel.
e. Maria dessine un ours.

Utiliser le sujet dans une phrase

8 * **a. Le chien** aboie.
b. Le sauveteur plonge dans l'eau.
c. Les papillons volent.
d. Les abeilles fabriquent du miel.
e. La tasse tombe et se casse en deux.

9 ** **a. Karim** dessine le marronnier de l'école.
b. Des oiseaux font leur nid sur une branche.
c. Les feuilles tombent au pied de l'arbre.
d. Cet arbre est très grand et feuillu.

10 *** **a. Les loups** vivent dans la forêt.
b. Tu bronzes dans le jardin.
c. Nous achetons du pain.
d. Ces danseuses sont belles.
e. Chloé visite ce musée.

J'écris – Je m'exprime

11 * Production libre

12 ** Production libre

À toi de jouer

Le chat noir lave ses chaussettes.
Le hibou lit le journal.
Le crapaud prépare une potion.

Dictée

Le car arrive. Le chauffeur s'arrête. Les élèves montent dans le car. Ils vont au zoo.

→ Préparons la dictée

Lire une première fois la dictée.
Les élèves doivent rester attentifs et ne rien écrire.

Différenciation

→ *Remédiation : voir Photofiche Grammaire 5R.*
→ *Entraînement : voir Photofiche Grammaire 5E.*

Évaluation

→ *voir Photofiches Grammaire Évaluation.*

6 Le verbe dans la phrase

Compétences : Identifier et utiliser le verbe dans la phrase.

Autour de la notion

Le sujet étant identifié, on se demande « ce que l'on en dit » ; on cherche **quelle est l'action** faite par le sujet.
Pour reconnaître le verbe, on peut :
– **s'appuyer sur son sens** : en CE1, il s'agit essentiellement de verbes décrivant une action ;
– **demander de compléter la phrase** « Le sujet est en train de ... » ;
– **mettre la phrase à la forme négative** : les mots *ne* et *pas* encadrent alors le verbe (sauf pour les temps composés), ce qui permet de l'identifier.

→ *Activités de manipulation*

Faire mimer des verbes. On fera ainsi remarquer qu'une action peut se mimer.
Partir d'un verbe dont le sens est assez général et demander aux élèves de trouver des listes de verbes plus précis. Ainsi, en partant de « se déplacer », on peut dire : « marcher, courir, sauter, etc. »
Partir de différents noms de métiers et demander ce qu'ils font : *Que fait le garagiste ? Il répare des voitures.* Demander à chaque fois quel est le verbe de la phrase. On pourra ensuite élargir le champ des sujet (animaux, objets, etc.).

→ *Points d'attention*

Ici, les exercices de changement de temps ou de personne visent à mettre en évidence des changements qui s'entendent. Il est important que les élèves puissent s'appuyer sur des activités orales pour prendre conscience de ces changements. L'orthographe des terminaisons est travaillée spécifiquement dans les leçons sur le verbe.

Corrigés des activités

Découvrons et manipulons

Recherche en collectif à l'oral

1 **b)** Les trois petits cochons font l'action d'<u>embrasser</u> leur maman.

2 **a)** En ce moment, les trois petits cochons **embrassent** leur maman.
b) C'est le mot *embrassèrent* qui change : c'est le verbe.

3 L'action de la maman est de réunir les petits cochons.

4 **a)** Un beau matin, les mamans réunirent les petits cochons.
b) C'est le mot *réunit* qui change : c'est le verbe.

Application en collectif à l'oral

5 • Les trois petits cochons **habitent** dans une ferme.
• Les trois petits cochons **sont** dans la forêt.
• Les trois petits cochons **cherchent** du bois.
• Les trois petits cochons **trouvent** de la paille.
On entend qu'un autre mot de la phrase change : c'est le verbe.

6 • Demain, tu **rangeras** ta chambre.
• Demain, vous **irez** au parc.
• Demain, les enfants **seront** calmes.
• Demain, il **fera** du sport.
Le mot qui change est le verbe.

Corrigés des exercices

Je m'entraîne

Identifier le verbe dans une phrase

7 * **b.** Les cochons **auront** une nouvelle maison.
c. Maman **appelle** les enfants.
e. Vous **êtes** grands.

8 ** **a.** Le cheval <u>galope</u> dans le pré.
b. La sorcière <u>vole</u> sur son balai.
c. L'avion <u>décolle</u> à l'heure.
d. Léa <u>colorie</u> son dessin.

9 ** **a.** Les enfants <u>lancent</u> la balle.
b. Les élèves <u>cachent</u> les cadeaux sous le lit.
c. Les enfants <u>sont</u> très rapides.
d. En partant, les enfants <u>disent</u> au revoir.
e. Les enfants <u>montent</u> dans le bus.

10 *** **a.** Demain, je <u>marcherai</u> dans les rues.
b. Demain, les lions <u>mangeront</u> de la viande crue.
c. Demain, le coureur <u>dépassera</u> la ligne d'arrivée.
d. Demain, tu <u>classeras</u> tous les livres.
e. Demain, elle <u>organisera</u> les vacances.

Utiliser le verbe dans une phrase

11 * **a.** Il **grimpe** sur le rocher.
b. Elle **cultive** des tomates et des radis.
c. Il **pose** le vase sur la table.
d. Elle **joue** avec son chien.
e. Il **ouvre** les rideaux.

12 ** **a.** Le perroquet **répète** les mots.
b. Vous **êtes** pressés.
c. Les solistes **chantent** avec les choristes.
d. Mes cousins **vont** à la piscine tous les samedis.
e. Nous **avons** une balançoire dans le jardin.

J'écris – Je m'exprime

13 * Production libre

14 ** Production libre

À toi de jouer

Cléa saute dans l'eau (clé – A – seau – te – dent – l' – eau).
Le verbe est *saute* dans cette phrase.

Dictée

Le pélican vole au-dessus de la mer. Soudain, il plonge dans l'eau. Il pêche des petits poissons.

→ Préparons la dictée

Lire une première fois la dictée.
Les élèves doivent rester attentifs et ne rien écrire.

Différenciation

→ *Remédiation : voir Photofiche Grammaire 6R.*
→ *Entraînement : voir Photofiche Grammaire 6E.*

Évaluation

→ *voir Photofiches Grammaire Évaluation.*

Je réinvestis mes connaissances

Manuel p. 26-27

Les 12 premiers exercices proposés reprennent chacune des notions étudiées au cours de ce module.
Les 4 derniers exercices transversaux et d'écriture proposés brassent les notions étudiées.

Exercices	Compétences traitées
Exercice 1	Identifier le sujet dans une phrase.
Exercice 2	Identifier de quoi ou de qui l'on parle dans une phrase.
Exercice 3	Identifier de quoi ou de qui l'on parle dans une phrase.
Exercice 4	Identifier de quoi ou de qui l'on parle dans une phrase.
Exercice 5	Utiliser le sujet dans une phrase.
Exercice 6	Utiliser le sujet dans une phrase.
Exercice 7	Identifier le verbe dans une phrase.
Exercice 8	Utiliser le verbe dans une phrase.
Exercice 9	Utiliser le verbe dans une phrase.
Exercice 10	Utiliser le verbe dans une phrase.
Exercice 11	Utiliser le verbe dans une phrase.
Exercice 12	Utiliser le verbe dans une phrase.

Exercices transversaux	
Exercice 13	Identifier le sujet dans une phrase. Identifier le verbe dans une phrase.
Exercice 14	Identifier les sujets dans une phrase. Identifier le verbe dans une phrase. Utiliser le sujet dans une phrase.
Exercice 15	Ecrire des phrases qui ont du sens. Utiliser le verbe dans une phrase.
Exercice 16	Ecrire des phrases qui ont du sens. Utiliser le sujet dans une phrase.

Le sujet dans la phrase

1 * **a.** Les élèves cherchent des mots dans le dictionnaire.
b. Nous préparons une soupe de tomates.
c. La tour penche vers la droite.
d. Le pompier gare son camion.
e. Je soulève un coffre volumineux.

2 ** **a. Le garçon** regarde le ballon.
b. Les enfants jouent au football.
c. Le ballon roule à toute allure.
d. Le match est très serré.

3 ** **a. Le car** roule doucement sur l'autoroute.
b. Les loups hurlent ensemble dans la forêt.
c. Les rennes tirent le traîneau du Père Noël.
d. Un guide emmène les touristes.
e. Le tournoi commence dans cinq minutes.

4 ** **a. Olivia** arrive vendredi.
b. Les joueurs avancent leur pion d'une case.
c. Le réveil sonne tous les matins.
d. Mes parents achètent une nouvelle voiture.
e. Nous coupons des fruits.

5 ** **b.** Marseille est une ville du Sud de la France.
d. Mon oncle habite dans la rue Charles Perrault.
e. Le Rhin traverse Strasbourg.

6 *** **a. Les enfants** montent dans l'ascenseur.
b. Le bébé dort profondément.
c. Ce manège donne mal au cœur.
d. Mes amis crient pour m'avertir.
e. Les hiboux volent dans la nuit.

Le verbe dans la phrase

7 * **a.** Gaspard et Pauline discutent toute la journée.
b. Vous remerciez vos amis.
c. Tu accroches une affiche au mur.
d. La directrice répond au téléphone.
e. Les baleines migrent chaque année.

8 ** **a.** Le train **arrive** dans la gare.
b. Marc **offre** de belles fleurs à sa maman.
c. Le renard **cache** sa nourriture.
d. Le voleur **s'enfuit** discrètement de la maison.

9 ** **a.** Adama **aide** Lucie à porter ses skis.
b. Les enfants **poussent** le bateau à l'eau.
c. Vous **jouez** aux échecs.
d. Tu n'**aimes** pas l'eau froide.
e. Manon **va** à la plage.

10 ** **a.** Aujourd'hui, nous **allons** au cirque.
b. Je **voyage** en train.
c. À présent, elle **aime** les bandes dessinées.
d. Il **est** pâtissier.
e. Tu **dînes*** à la maison.

11 *** Au cirque, les soigneurs **nourrissent** les animaux. Les artistes **répètent** leur spectacle. Les acrobates **montent** sur des trapèzes. Un clown **cherche** son nez rouge. Les spectateurs **arrivent** enfin. Le spectacle **commence**.

12 *** Le pompier monte à l'échelle.
Mes amis et moi mangeons de la soupe.
Nos jouets se rangent dans un coffre en bois.
Tu vas à la piscine.

EXERCICES TRANSVERSAUX

13 * **a.** Raphaël prend le bus pour rentrer chez lui.
b. Les garçons préparent un spectacle de clowns.
c. Les pirates naviguent sur la mer.
d. Elsa et Julie courent dans le stade.

14 *** **a)** Elle – elle – elle – vous – elle – Il – Il – Il – Vous – vous
b) était – aimait – partit – réunit – devez – dit – est – hésitera – a – reconnaîtrez – êtes
c) Production libre.

EXERCICES D'ÉCRITURE

15 * Production libre

16 ** Production libre

17 ** Production libre

7 Le nom

Compétences : Identifier et utiliser les noms.

Autour de la notion

Les élèves de CE1 doivent commencer à pouvoir trier les mots selon **la classe grammaticale** à laquelle ils appartiennent. Pour reconnaître les noms, ils s'aident en premier lieu de leur sens et disent ce qu'ils désignent : des **personnes**, des **animaux** ou des **choses**.

Les deux premières catégories bien que très vastes seront facilement compréhensibles pour les élèves. Ils doivent cependant avoir un lexique suffisamment étendu.

La catégorie des choses est encore plus large car elle contient **des objets** mais aussi **des termes abstraits**. En CE1, on demandera aux élèves de reconnaître des noms d'objets (que l'on peut toucher ou tenir dans la main).

→ *Activités de manipulation*

Proposer aux élèves un corpus de noms qu'ils devront compléter sur un thème précis (les personnes dans la famille, les personnages dans les contes, les animaux qui vivent dans la mer, etc.). Ensuite, faire remplacer les noms par un autre de la même catégorie pour inventer de nouvelles phrases.

Faire chercher des noms dans un dictionnaire. On peut aussi inventer des phrases absurdes en remplaçant un nom par le nom suivant dans le dictionnaire.

→ *Points d'attention*

Un nom est aussi reconnaissable par le fait que l'on puisse ajouter les déterminants *un* ou *une* devant lui.

Pour trouver le genre d'un nom au pluriel, il faut repasser par le mot au singulier et observer le déterminant utilisé.

→ *Piste de différenciation ou remédiation*

Utiliser un code couleurs (au tableau, sur des étiquettes...) pour repérer les noms. D'autres couleurs pourront s'ajouter au fur et à mesure des classes grammaticales étudiées.

Corrigés des activités

Découvrons et manipulons

Recherche en collectif à l'oral

1 **a)** Le mot *fillette* désigne une personne.
b) Le mot *lapin* désigne un animal.
c) Le mot *montre* désigne une chose.

2 Devant les mots en couleur, il y a les mots : *la, un, une.*
N.B. : La notion de déterminant est étudiée plus précisément dans la leçon suivante.

3 Les autres mots qui désignent une chose sont : coup – œil – livre – images – dialogues – intérêt – poche – heure – terrier
N.B. : Il n'est pas question de demander aux élèves de trouver tous les autres mots désignant une chose. Certains ne sont pas du niveau CE1 (notions abstraites).

4
- table – panier – ~~jouer~~ – tabouret
- poisson – ~~un~~ – verre – bouton
- carrosse – élève – ~~frisé~~ – lumière

N.B. : Les intrus sont des mots qui ne sont pas des noms (respectivement un verbe, un déterminant et un adjectif). Les élèves peuvent vérifier que les mots sont des noms en essayant de mettre *un* ou *une* devant chaque mot.

Application en collectif à l'oral

5

une personne	un animal	une chose
une musicienne un infirmier une amie	un requin un mouton un crocodile	un déguisement une table un timbre

6
- loup – ~~baleine~~ – gorille – lézard
- couverture – ~~téléphone~~ – table – tablette
- livreur – boucher – ~~chanteuse~~ – pilote
- hélicoptère – cycliste – ~~voiture~~ – avion

N.B. : Les intrus se trouvent avec le genre de chaque nom (masculin ou féminin). Si les élèves ne trouvent pas seuls, leur demander quel petit mot on peut mettre devant chaque nom : *un* ou *une*.

Corrigés des exercices

Je m'entraîne

Identifier les noms

7 cousine – escalier – parapluie – montre – sapin – marteau – bougie – miroir

8 **a.** La [princesse] a perdu sa [couronne].
b. Le [dragon] garde la [grotte].
c. Les [enfants] fabriquent une [cabane].
d. Le [camion] roule dans la [rue].
e. La [fermière] trait ses [vaches] tous les [matins].

9 **a.** musique : nom féminin
b. avion : nom masculin
c. film : nom masculin
d. chienne : nom féminin ; concours : nom masculin
e. voisins : nom masculin ; dîner : nom masculin

10 **a.** voiture : nom singulier
b. affaires : nom pluriel
c. pinceaux : nom pluriel
d. colliers : nom pluriel ; diamants : nom pluriel
e. coq : nom singulier ; poules : nom pluriel

11 Les [enfants] (masculin – pluriel) se déguisent pour le [carnaval] (masculin – singulier). Il y a une [sirène] (féminin – singulier), des [poissons] (masculin – pluriel) multicolores recouverts de [coquillages] (masculin – pluriel) et une [pieuvre] (féminin – singulier) géante. Les [garçons] (masculin – pluriel) sont habillés comme des [pirates] (masculin – pluriel).

Utiliser les noms

12 **a.** un collier
b. une lampe
c. un couteau
d. un chien

13 **a.** C'est le matin. Je cours dans la **cuisine**.
b. Je bois un bol de **lait** et je mange des **tartines**.
c. Je me lave les **dents** et je brosse mes **cheveux**.
d. Je prends mon **cartable** et ma **trottinette**.

J'écris – Je m'exprime

14 Production libre

15 Production libre

À toi de jouer

Mots à l'horizontal : tomate – citron – figue – fraise – pêche
Mot à la vertical : tigre

Dictée

La nuit tombe sur la forêt. Des hiboux volent dans le ciel. Ils chassent.

→ *Préparons la dictée*
Lire une première fois la dictée. Les élèves doivent rester attentifs et ne rien écrire.

Différenciation

→ Remédiation : voir Photofiche Grammaire 7R.
→ Entraînement : voir Photofiche Grammaire 7E.

Évaluation

→ voir Photofiches Grammaire Évaluation.

8 Le nom propre et le nom commun

Manuel p. 30-31

Compétences : Identifier et utiliser les noms communs et les noms propres.

Autour de la notion

Après avoir appris à reconnaître les noms dans la leçon précédente, les élèves apprennent à être plus précis en utilisant une nouvelle distinction entre les noms : **noms communs** et **noms propres**. À l'écrit, la distinction entre les deux est facilitée par la présence de la **majuscule**.
Le nom propre se définit comme un nom désignant **une personne** ou **un lieu unique**.
Pour chaque nom propre, il y a un nom commun plus général qui correspond.

→ Points d'attention

La plupart des noms propres ne sont pas précédés d'un déterminant, à l'exception de noms de fleuves ou de lieux : la Seine, les Alpes, le Canada...

À l'oral, il est bien plus compliqué de reconnaître un nom propre. Il est intéressant de prononcer une phrase en annonçant qu'il y a un nom propre dedans, puis de demander aux élèves de dire quel est ce mot et de justifier leur réponse.
Insister sur le fait que si deux enfants portent le même prénom, ils sont malgré tout uniques : donc chaque prénom est bien un nom propre.

→ Piste de différenciation ou remédiation

Pour les élèves en difficulté, il est plus facile de partir du nom propre et d'essayer d'y associer un nom commun que l'inverse. Pour un nom propre de personne, les élèves peuvent proposer plusieurs noms communs (Alice est : une fille, une élève ou encore une sœur).

Corrigés des activités

Découvrons et manipulons

Recherche en collectif à l'oral

1 **a)** Le mot *maître* est un **nom**.
b) Ce mot désigne une **personne**.

2 **a)** Les mots Kalim et Roberto désignent des personnes.
b) Les mots en rouge commencent par une **majuscule**, alors que les mots en verts commencent par une minuscule.

3 Le mot France désigne un **lieu**.

Application en collectif à l'oral

4 Mathilde – Hercule – Londres – les Alpes – Zoé – Tigrou
un marin – une rose – le loup – des livres – un garçon
N.B. : On s'attend à ce que les élèves classent les mots en triant les noms communs et les noms propres. S'ils proposent d'autres choix, faire expliciter les raisons de ce choix et discuter.

5 Lou → une fille
Médor → un chien
Rennes → une ville
la Suisse → un pays

Corrigés des exercices

Je m'entraîne

Identifier les noms communs et les noms propres

6 * la **chaise** – un **kangourou** – <u>Toulouse</u> – <u>Ulysse</u> – la **joie** – des **abricots** – cette **bague** – l'<u>Europe</u> – l'<u>Afrique</u> – un **seau**
N.B. : les noms communs apparaissent en gras et les noms propres sont soulignés.

7 * **a.** Anna – Noémie – Eva – ~~la musique~~ – Jules
b. le Portugal – ~~un pays~~ – la Suède – l'Inde
c. un oiseau – ~~les Alpes~~ – une maison – un bol
d. la Seine – le Rhône – le Danube – ~~un fleuve~~

8 ** **a.** <u>Bastien</u> et <u>Sofia</u> traversent le fleuve.
b. Mes cousins vivent en <u>Belgique</u>.
c. Tu vois <u>Caroline</u> par la fenêtre.
d. Mes parents et ma sœur sont à <u>Tours</u>.
e. Il vit avec son chat <u>Mistigri</u> et son âne <u>Banjo</u>.

9 ***

prénoms	villes	pays
Zoé – Alexandre – Maya	Marseille – Paris – Nantes	la France – l'Italie – l'Espagne

Utiliser les noms communs et les noms propres

10 * **a.** un super-héros → Spiderman
b. un peintre → Pablo Picasso
c. un sportif → Teddy Riner
d. une princesse → Cendrillon
e. un héros de BD → Astérix

11 Production libre

J'écris – Je m'exprime

12 * Production libre

13 Production libre

À toi de jouer

sirène (scie – reine)
Théophile (thé – eau – fil)

Dictée

La reine Élisabeth règne sur le trône d'Angleterre. Les Anglais l'aiment beaucoup.

→ ***Préparons la dictée***

Lire une première fois la dictée.
Les élèves doivent rester attentifs et ne rien écrire.

Différenciation

→*Remédiation : voir Photofiche Grammaire 8R.*
→*Entraînement : voir Photofiche Grammaire 8E.*

Évaluation

→*voir Photofiches Grammaire Évaluation.*

9 Le déterminant

Manuel p. 32-33

Compétences : Identifier et utiliser les déterminants.

Autour de la notion

Le déterminant est un **petit mot** placé **devant le nom**. En CE1, on demande aux élèves de savoir les reconnaître et de les utiliser en les associant aux noms qu'ils déterminent. La reconnaissance des différentes **catégories de déterminants** n'est pas au programme. Mais les élèves peuvent tous les employer pour des activités de tri ou de classement selon le genre, le nombre ou les deux. L'identification et l'utilisation des **articles** doivent cependant être approfondies afin que tous les élèves maîtrisent ces déterminants.

→ ***Activité de manipulation***

Donner une suite de noms accompagnés de leur déterminant et demander de substituer un déterminant par un autre.

→ ***Piste de différenciation ou remédiation***

Pour les élèves en difficulté, s'assurer en priorité qu'ils maîtrisent la connaissance et l'utilisation des articles. Marquer le lien entre le déterminant et le nom par une flèche entre les deux.

Corrigés des activités

Découvrons et manipulons

Recherche en collectif à l'oral

1 **a)** Les noms principaux sont *œil* et *maîtresse*.
b) *Œil* est un nom masculin et *maîtresse* est un nom féminin.
c) On le sait grâce aux mots *un* et *la* qui précèdent les noms. Ce sont des déterminants.

2 **a)** Ce groupe nominal est au pluriel.
b) On le sait grâce au mot *des* qui précède le mot *problèmes* et grâce au ***s*** à la fin de *problèmes*.

3 **le** bout – **mon** ardoise – **son** pays – **l'**exercice

Application en collectif à l'oral

4 la maison — le chat
l'éléphant — les canards

N.B. : On insistera sur l'utilisation du **l'** devant un nom commençant par une voyelle et sur le groupe nominal au pluriel.

5 une voiture — des oiseaux
un camion — un ou l'épisode

Corrigés des exercices

Je m'entraîne

Identifier les déterminants

6 * des – la – une – l'– cette – le – un – les

7 * **a.** Elle glisse sur [le] <u>lac</u> gelé.
b. [Les] <u>élèves</u> rangent [les] <u>chaises</u>.
c. [L']<u>araignée</u> tisse [une] <u>toile</u>.
d. Bacary prend [une] <u>éponge</u>.
e. [Les] <u>vagues</u> ont détruit [le] <u>château</u>.

8 ** **a.** <u>Ton</u> frère écoute de **la** musique.
b. Elle attache <u>un</u> panier sur <u>son</u> vélo.
c. **La** sorcière vole sur <u>son</u> balai.
d. <u>Le</u> cirque s'est installé sur **la** place.
e. Nous mangeons **une** tartine.

N.B. : Les déterminants féminins ont été passés en gras et les déterminants masculins ont été soulignés.

9 **

déterminant au singulier + nom	déterminant au pluriel + nom
ce vélo – une chaise – mon lapin – la musique	mes gants – les lunettes – tes amis – des instruments

10 *** **a.** le bureau – un cahier – ~~ma gomme~~ – ce stylo
b. ~~un ordinateur~~ – la vitrine – sa robe – cette fleur
c. les guirlandes – des lampions – ~~la fête~~ – ces bougies
d. le phare – une mouette – ~~des bateaux~~ – le port
e. ~~une tartine~~ – des gants – des chaussettes – mes lunettes

Utiliser les déterminants

11 * **a. Les** lumières s'éteignent.
b. Le grand rideau se lève enfin.
c. Les coups résonnent dans **la** salle.
d. Un comédien avance sur **la** scène.

12 ** **a. Des** touristes visitent la capitale.
b. Marie achète **un** souvenir.
c. C'est **une** jolie tasse avec **un** dessin de la ville.

13 *** **une** enveloppe – **un** escalier – **une** orange – **une** autruche – **une** eau – **une** échelle – **une** omelette – **un** arc-en-ciel

J'écris – Je m'exprime

14 * Production libre

15 ** Production libre

À toi de jouer

des (dé) – les (lait) – cette ou cet (sept) – vos (veau)

Dictée

Karim présente son livre préféré à la classe. Il montre des images. Il lit un passage. Le maître félicite Karim.

→ Préparons la dictée

Lire une première fois la dictée.
Les élèves doivent rester attentifs et ne rien écrire.

Différenciation

→ *Remédiation : voir Photofiche Grammaire 9R.*
→ *Entraînement : voir Photofiche Grammaire 9E.*

Évaluation

→ *voir Photofiches Grammaire Évaluation.*

10 L'adjectif

Grammaire

Compétences : Identifier et utiliser les adjectifs.

Autour de la notion

Les adjectifs donnent des informations sur le nom noyau du groupe nominal. Il sert à **caractériser le nom** qu'il qualifie et **s'accorde en genre et en nombre** avec ce dernier. Il peut se situer avant ou après le nom. Proposer les deux cas aux élèves afin qu'ils ne s'habituent pas à chercher la place du mot plutôt que son sens. C'est un mot qui n'est pas obligatoire dans le groupe nominal. **Il peut donc être supprimé**. C'est un bon moyen de reconnaissance pour les élèves.

→ *Activités de manipulation*

Substituer un adjectif par un autre pour changer le sens du groupe nominal.

Proposer un groupe nominal au masculin singulier et le faire varier en changeant le genre et le nombre du nom. Faire écrire différents groupes nominaux. Observer les différences.

→ *Piste de différenciation ou remédiation*

Rechercher les adjectifs dans des groupes nominaux ou des phrases pour les élèves en difficulté, dans des textes pour les autres.
On peut aussi souligner ou entourer les noms avant de chercher les adjectifs. L'enseignant(e) peut le faire pour les élèves en difficulté, les autres peuvent repérer les noms seuls.

Corrigés des activités

Découvrons et manipulons

Recherche en collectif à l'oral

1 **a)** Le mot principal est *berceau*.
b) Le mot *grand* donne des informations sur le *berceau*.

2 **a)** Le mot *petit* donne des informations sur le mot *chameau*.
b) C'est un mot masculin car il n'y a pas de **e** à la fin. Il est masculin comme le mot *chameau*.

3 **a)** Le mot *fins* donne des informations sur le mot *rideaux*.
b) C'est un mot au pluriel car il se termine par un **s**. Il est au pluriel comme le mot *rideaux*.

Application en collectif à l'oral

4 un chien coquin
une chienne coquine
des chiens coquins

5
- des escargots **lents**
- un défilé **joyeux**
- des musiciens **concentrés**
- une salle **bruyante**

Il faut faire attention au masculin ou au féminin ainsi qu'au singulier ou au pluriel.

Corrigés des exercices

Je m'entraîne

Identifier les adjectifs

6 * **a.** Le chien a de [longues] oreilles.
b. Un [étrange] animal se cache derrière l'arbre.
c. Sa maman a une jupe [rayée].
d. L'animal [rapide] attrape la balle.
e. Henri a un rêve [fou].

7 ** **a.** L'ogre sort son <u>grand</u> couteau <u>pointu</u>.
b. Le bébé dort dans une couverture <u>douce</u>.
c. C'est une <u>agréable</u> journée !
d. Le cuisinier ajoute de la sauce <u>piquante</u>.
e. Une <u>bonne</u> fée aide le héros.

Utiliser les adjectifs

8 * **a.** Tu réponds à une lettre urgente (féminin).
b. Nous irons voir un spectacle musical (masculin).
c. Elle a un vieux (masculin) bateau.
d. Il aperçoit une cabane abandonnée (féminin).
e. Le ballon multicolore (masculin) vole dans le ciel.

9 ** **a.** Tu fermes la fenêtre ouverte (singulier).
b. Mon père aime les longues (pluriel) balades.
c. Nous vendons nos meubles anciens (pluriel).
d. Je prends une couverture chaude (singulier).
e. Les animaux sauvages (pluriel) galopent dans la plaine.

10 a. As-tu terminé cette **bonne** tarte aux poires ?
b. Un **méchant** seigneur emprisonne les chevaliers.
c. J'aime lire des histoires **drôles**.
d. Les sportifs **agiles** marquent des buts.
e. Les feuilles **vertes** tombent des arbres.

J'écris – Je m'exprime

11 Production libre

12 Production libre

À toi de jouer

une épée fine et coupante
un bouclier lourd et décoré

Dictée

Une reine courageuse entre dans une grotte sombre. Un terrible dragon dort. Il garde des pierres magiques.

→ *Préparons la dictée*

Lire une première fois la dictée.
Les élèves doivent rester attentifs et ne rien écrire.

Différenciation

→ *Remédiation : voir Photofiche Grammaire 10R.*
→ *Entraînement : voir Photofiche Grammaire 10E.*

Évaluation

→ *voir Photofiches Grammaire Évaluation.*

11 Les pronoms personnels

Manuel p. 36-37

Compétences : Identifier et utiliser les pronoms personnels.

Autour de la notion

Les pronoms personnels sont déjà fréquemment utilisés à l'oral par les élèves. Il s'agira dans cette leçon de consolider le sens de ces pronoms et de repérer **les groupes nominaux qu'ils remplacent**.
Au niveau du sens, les élèves devront bien repérer si les pronoms désignent **un sujet au singulier ou au pluriel**. De même, on insistera sur le féminin et le masculin lors de l'utilisation de *il, elle, ils* et *elles*.

Je et Nous	Le locuteur fait partie du sujet.
Tu et Vous	C'est la ou les personne(s) à qui l'on s'adresse directement.
Il, Elle, Ils, Elles	Ce sont des personnes dont on parle dans des situations de dialogue. Mais ces pronoms sont aussi des substituts de groupes nominaux. Dans ce cas, il ne s'agit pas uniquement de personnes mais aussi de choses.

→ *Activités de manipulation*

Substituer un groupe nominal par le pronom qui convient. À l'inverse, substituer un pronom personnel par un groupe nominal qui convient.

→ *Points d'attention*

La bonne compréhension des pronoms est une aide à la lecture et à la production d'écrits. Il est important que les élèves comprennent que les pronoms personnels visent à remplacer un groupe nominal sujet ou un nom propre pour éviter les répétitions.

Corrigés des activités

Découvrons et manipulons

Recherche en collectif à l'oral

1 **a)** Il s'agit de **Valentin**.
b) Le pronom *Il* est au masculin et Valentin est le seul personnage masculin proposé.

2 **a)** Les pronoms *Elle* désignent d'abord la maîtresse, puis la maman.
b) Ce sont les personnages féminins évoqués dans chacune des phrases précédentes.

3 *Je* désigne le personnage qui parle : c'est-à-dire la maman. *Tu* désigne le personnage à qui la maman parle : c'est-à-dire Valentin.

4 **a)** Il s'agit de Valentin et de sa maman.
b) C'est un pronom au pluriel.

Application en collectif à l'oral

5 je chante – tu chantes – il chante – nous chantons – vous chantez

6
- **Elle** aime la fraise.
- **Elles** chantent.
- **Il** ronronne.
- **Ils** parlent des chevaliers.
- **Il** est caché par les nuages.

Corrigés des exercices

Je m'entraîne

Identifier les pronoms personnels

7 * **a.** Il ne veut pas aller à l'école.
b. Elle appelle Valentin.
c. Nous allons à l'école à pied.
d. Je dors encore ce matin.
e. Vous êtes pressés.

8 ** – **Je (Alex)** vais nourrir les canards, dit Alex à Emma. Viens-**tu (Emma)** avec moi ?
– **Je (Emma)** dois brosser les chevaux, répond Emma.
– **Tu (Emma)** le feras demain, lui dit Alex. **J'(Alex)** ai du vieux pain. **Nous (Emma et Alex)** allons le donner aux canetons.

Utiliser les pronoms personnels

9 * **a.** Je coupe les pommes, puis **j'**allume le four.
b. Vous ramasserez et **vous** rangerez les cahiers.
c. Zoé et moi sommes dans nos lits et **nous** dormons.
d. Je prends un pinceau et **je** dessine.
e. Tu tousses car **tu** es malade.

10 ** **a. Il** prépare des baguettes.
b. Elle est calme ce matin.
c. Il promène les vacanciers.
d. Il coule de la casserole.
e. Elle ramasse des fleurs sauvages.

11 ** **a. Elles** volent dans le ciel.
b. Elles sont très hautes.
c. Elles brillent la nuit.
d. Ils ont eu une journée de repos.
e. Ils sont recouverts de boue.

12 *** **a. Il** cherche son pyjama !
b. Ils sont dans le jardin.
c. Ils rangent les livres.
d. Elle prépare un joli bouquet.
e. Elles jouent à la poupée.

J'écris – Je m'exprime

13 * Production libre

14 ** Production libre

À toi de jouer

Le chemin de la tortue passe par :
Je ↓ Tu → Elle ↓ Il ↓ Tu → Je → Elle ↑ Je ↑ Tu ↑ Je

Dictée

Mathilde plante un clou dans le mur. Elle accroche un tableau. Mais il tombe et le cadre se casse.

→ ***Préparons la dictée***

Lire une première fois la dictée. Les élèves doivent rester attentifs et ne rien écrire.

Différenciation

→ *Remédiation : voir Photofiche Grammaire 11R.*
→ *Entraînement : voir Photofiche Grammaire 11E.*

Évaluation

→ *voir Photofiches Grammaire Évaluation.*

12 Le groupe nominal

Manuel p. 38-39

Compétences : Identifier le groupe nominal. Former des groupes nominaux.

Autour de la notion

Un groupe nominal est un groupe de mots constitué **autour d'un nom**. Ce dernier est toujours accompagné d'**un déterminant**. Ces deux mots forment alors le **groupe nominal minimal**. On peut ajouter à ce nom principal un certain nombre d'**expansions** permettant de donner des informations supplémentaires sur le nom. Au CE1, les élèves étudieront uniquement **l'adjectif** comme expansion du nom. Dans **le groupe nominal**, **le déterminant**, **le nom** et **l'adjectif** forment **une chaîne d'accords** et s'accordent donc en genre et en nombre.

→ Points d'attention

L'accord dans le groupe nominal met parfois du temps à être acquis. C'est un point important du programme, il faut donc demander aux élèves de former des groupes de mots à partir de mots proposés et faire justifier fréquemment leurs réponses. Par ailleurs, cette notion est travaillée en orthographe.

→ Piste de différenciation ou remédiation

Pour repérer le groupe nominal, faire d'abord repérer le nom. Selon leur niveau, les élèves peuvent le faire seuls, avec de l'aide, ou en classe entière. L'enseignant(e) peut aussi choisir de le faire à l'avance pour certains élèves. Ensuite, demander de trouver le reste du groupe.

Corrigés des activités

Découvrons et manipulons

Recherche en collectif à l'oral

1 **a)** Le groupe de mots souligné en rouge est formé de trois mots.
b) Le mot principal est *poils*.
c) Il y a un déterminant et un adjectif.
d) On peut supprimer *longs*.

2 **a)** Le groupe nominal est *un chat poilu*.
b) Le mot principal est *chat*.

Application en collectif à l'oral

3
- des jolis tournesols
- une histoire drôle
- des longues tresses blondes

4
- mon ballon bleu
- une valise neuve
- des chaussures sales

Corrigés des exercices

Je m'entraîne

Identifier le groupe nominal

5 * une <u>robe</u> – des <u>fleurs</u> – un <u>voyage</u> – une <u>nouvelle</u> – le <u>perroquet</u> – un <u>sport</u> – son <u>ami</u> – les <u>rivières</u> – un <u>bruit</u> – l'<u>escalier</u>

6 * **a.** Il parle à <u>son professeur</u>.
c. <u>Son professeur</u> parle fort.
e. <u>La jeune fille</u> est rapide.

7 ** **a.** <u>Les moutons</u> bêlent.
b. Il enlève <u>ses chaussettes sales</u>.
c. <u>Les enfants</u> jouent dans <u>la grande cour</u>.
d. Vous racontez <u>des histoires drôles</u>.
e. <u>La championne</u> montre <u>sa médaille</u>.

8 *** les [caresses] – le [dos] – le [cou] – les [oreilles] – les [pattes]

Former des groupes nominaux

9 * **a.** une histoire célèbre (on peut accepter aussi : une célèbre histoire)
b. une pomme empoisonnée
c. un miroir magique
d. une reine jalouse

10 ** **a.** Elle plonge dans l'eau.
b. La fleuriste coupe les fleurs.
c. Les chefs préparent un dîner.
d. Une actrice joue dans ce film.

J'écris – Je m'exprime

11 * Production libre

12 ** Production libre

À toi de jouer

un **ballon** (bas – long)

Dictée

Le facteur apporte un énorme colis à l'école. Tous les enfants ouvrent le carton. Ce sont des nouveaux livres et des crayons pour la classe.

→ Préparons la dictée

Lire une première fois la dictée. Les élèves doivent rester attentifs et ne rien écrire.

Différenciation

→ Remédiation : voir Photofiche Grammaire 12R.

→ Entraînement : voir Photofiche Grammaire 12E.

Évaluation

→ voir Photofiches Grammaire Évaluation.

Je réinvestis mes connaissances

Manuel p. 40-42

Les 18 premiers exercices proposés reprennent chacune des notions étudiées au cours de ce module.
Les 6 derniers exercices transversaux et d'écriture proposés brassent les notions étudiées.

Exercices	Compétences traitées
Exercice 1	Identifier les noms.
Exercice 2	Identifier les noms.
Exercice 3	Utiliser les noms.
Exercice 4	Identifier les noms communs et les noms propres.
Exercice 5	Utiliser les noms communs et les noms propres.
Exercice 6	Identifier les noms propres.
Exercice 7	Identifier les déterminants.
Exercice 8	Utiliser les déterminants.
Exercice 9	Utiliser les déterminants.
Exercice 10	Identifier l'adjectif.
Exercice 11	Utiliser l'adjectif.
Exercice 12	Identifier et utiliser l'adjectif.
Exercice 13	Identifier les pronoms personnels.
Exercice 14	Utiliser les pronoms personnels.
Exercice 15	Utiliser les pronoms personnels.
Exercice 16	Identifier des groupes nominaux.
Exercice 17	Utiliser des groupes nominaux.
Exercice 18	Utiliser des groupes nominaux.

Exercices transversaux	
Exercice 19	Identifier les noms communs et les noms propres. Identifier les noms, les déterminants et les adjectifs. Identifier le verbe dans une phrase. Identifier le sujet dans une phrase.
Exercice 20	Identifier un groupe nominal. Identifier les déterminants. Identifier les noms communs et les noms propres.
Exercice 21	Les exercices d'écriture utilisent les compétences précédemment travaillées.
Exercice 22	Les exercices d'écriture utilisent les compétences précédemment travaillées.
Exercice 23	Les exercices d'écriture utilisent les compétences précédemment travaillées.
Exercice 24	Les exercices d'écriture utilisent les compétences précédemment travaillées.

Le nom

1 * **a.** une panthère – une lionne – un chameau (des animaux)
b. des tasses – une carafe – des assiettes (des objets)
c. une comédienne – une musicienne – un danseur (des personnes)
d. des planches – un marteau – des fenêtres (des objets)

2 ** **a.** Je donne mes anciens livres.
b. Les Indiens dorment dans des tipis.
c. Il s'est blessé à la cheville.
d. Ma poupée a disparu !
e. Le savon fait des bulles.

3 ***

noms masculins	noms féminins
pont – avion – éléphant – feutre – bouquet	roue – dent – semaine – imprimante – bille

Le nom propre et le nom commun

4 *

noms communs	noms propres
une abeille – un sapin – un ours – le miel – une ruche	la France – Marseille – Adeline – les Pyrénées – la Méditerranée

5 ** un fleuve → la Seine
une ville → Bordeaux
un héros → Robin des Bois
un chien → Médor
un musicien → Mozart

6 *** Charlotte – Sonia – Rouen – Europe – Australie – Asie

Le déterminant

7 * **a.** Je retrouve des amis.
b. Nous regardons un spectacle.
c. Les marionnettes sont drôles.
d. L'héroïne est sauvée par une licorne.
e. Les applaudissements retentissent.

8 ** **a.** Alex cherche **un** livre.
b. J'achète **des** fleurs pour faire **un** bouquet.
c. **Un** berger surveille **des** moutons.
d. Il traverse **une** ville sur **un** vélo.
e. Nous brûlons **des** feuilles mortes.

9 *** **a.** **Le** vent a arraché **le** toit de **la** maison.
b. **L'**ours est un animal solitaire.
c. **La** vendeuse conseille **le** client.
d. J'enroule **l'**écharpe autour de mon cou.
e. **La** pluie tombe depuis ce matin.
f. Le maître fait **l'**appel ce matin.

L'adjectif

10 * une chemise déchirée – des taches multicolores – un arbre immense – la petite fille – des chevaux sauvages – une robe élégante – une chambre lumineuse – des fourmis travailleuses

11 ** **a.** C'est une journée **pluvieuse**.
b. Marc est un jeune homme **souriant**.
c. Le boulanger apporte des croissants **chauds**.
d. Tu traverses un carrefour **dangereux** !

12 ***

	masculin	féminin
singulier	inconnu – grand – vrai	froissée – transparente
pluriel	froissés – transparents	inconnues – grandes – vraies

Les pronoms personnels

13 * **a.** Nous devons partir bientôt.
b. Ils partent ensemble.
c. Tu me montres le chemin ?
d. Je suis arrivée la première, dit l'antilope.
e. À la course, elle est la plus rapide.

14 **a.** Il sort et **il** hisse la voile du bateau.
b. Nous accélérons dans la descente, puis **nous** freinons.
c. Vous mettez votre manteau et **vous** sortez.
d. Tu inventes une histoire et **tu** la racontes.
e. J'attends le bus, puis **je** monte dedans.

15 **a. Ils** construisent des maisons.
b. Il souffle sur leurs maisons.
c. Elle s'envole.
d. Il court chez son frère.
e. Elles tremblent de peur.

Le groupe nominal

16 **a.** une table – des ciseaux – ~~tu colles~~ – un dessin
b. des roses parfumées – une fleur – ~~je plante~~ – un petit jardin
c. un château – ~~ils partent~~ – un seigneur – des chevaliers
d. un match difficile – ~~elles jouent~~ – le terrain – des sportives connues
e. des légumes frais – un panier lourd – ~~j'achète~~ – le marché

17 **a.** Tu lances le ballon bleu.
b. Les radiateurs sont froids.
c. Nous mangeons un repas asiatique.
d. Une tarte cuit dans le four.
e. Les moutons donnent de la laine.

18 **a.** Vous attendez **le train**.
b. Les souris mangent du fromage.
c. Des trompettes résonnent dans la salle de concert.
d. Ils sortent de **la piscine**.
e. Je récite **un poème** devant la classe.

EXERCICES TRANSVERSAUX

19 **a)** Élodie (2 fois) – Lilian – Ariane – Jean
b) et **c)** ses **amis** – le **canapé** *rouge* – un *grand* **coffre** *métallique* – les *épaisses* **couvertures**
N.B. : les déterminants sont soulignés, les noms sont en gras et les adjectifs sont en italique.
d) est – jouent – commence – se cache – file – se glisse – sera démasqué
e) Elodie est – Ils jouent – Élodie commence – Lilian se cache – Ariane file – Jean se glisse – qui sera démaqué

20 **a)** et **b)** Mon **oncle** – un **globe-trotter** – les **voyages** – l'**aventure** – sa **région** – la **Bretagne** – en **avion** – la **France** – d'*autres* **pays** – des **pays** du **monde** *entier* – le **Danube** – un **fleuve** – en **Allemagne** – Son *prochain* **voyage** – l'**Afrique** – ce **continent**
N.B. : Les déterminants sont soulignés, les noms sont en gras et les adjectifs sont en italique.
c) Mon oncle → Matthieu
Sa région → la Bretagne
Le Danube → un fleuve
l'Afrique → ce continent

EXERCICES D'ÉCRITURE

21 Production libre

22 Production libre

23 Production libre

24 Production libre

1 Les voyelles – les consonnes – les syllabes

Manuel p. 44-45

Compétences : Connaître et utiliser les lettres (voyelles et consonnes). Connaître et utiliser les syllabes.

Autour de la notion

En fin d'école maternelle puis en CP, les élèves ont appris à différencier les **sons** et leurs **graphies**.
Ils savent distinguer les syllabes d'un mot prononcé.
Au cours de cette leçon, on renforce ces acquis, on progresse dans la **connaissance du code** et du fonctionnement de notre système d'écriture.
Les élèves identifient les **six voyelles** et les **vingt consonnes** de notre alphabet. Il leur est rappelé comment découper les mots en syllabes.
On trouve ici l'occasion de retravailler la **discrimination auditive** et **visuelle** des constituants des mots et de pratiquer des activités systématiques qui permettent d'installer et de perfectionner la maîtrise du **code alphabétique**.
Ce travail de mise en relation des sons et des lettres se poursuivra dans les leçons suivantes sur l'étude des sons et leurs graphies.
Noter qu'en CE1 ce travail est loin d'être inutile car de nombreux élèves ont encore besoin d'affiner leur perception auditive et de la mettre en relation avec l'écrit.
Noter également que l'épellation des mots et essentielle pour la mémorisation de leur orthographe.

→ *Activités de manipulation*

Discriminer les sons en effectuant des manipulations avec des étiquettes : localiser un son, substituer un son pour un autre, inverser, ajouter, combiner, etc.

Identifier les syllabes : enlever une syllabe, recombiner plusieurs syllabes dans un autre ordre, percevoir une syllabe identique dans plusieurs mots, situer la position dans le mot (début, milieu, fin).

→ *Points d'attention*

Les syllabes orales ne correspondent pas toujours aux syllabes écrites. En CE1, puisque l'on peut davantage s'appuyer sur l'écrit, on amène plus facilement les élèves à s'en rendre compte : ra/me, bal/le.
À noter que cette remarque subit des variations régionales.
Pour séparer un mot en syllabes, on sépare les syllabes entre une voyelle et une consonne : do/mi/no ou entre deux consonnes : dor/mir, pom/me, vil/le.

→ *Pistes de différenciation ou remédiation*

Choisir un son et énoncer une série de mots. Les élèves lèvent la main s'ils entendent ce son dans les mots proposés.
Demander de donner des mots dans lesquels on entend un son choisi.
Faire scander les syllabes de mots proposés en frappant des mains pour chacune d'entre elles.
Donner plusieurs mots et faire découvrir leur syllabe commune.
Proposer des mots avec des syllabes erronées à remplacer (un **bo**lai).

Corrigés des activités

Découvrons et manipulons

Recherche en collectif à l'oral

1 gris – pas – sur – pot – y – se

2 renifle : **e** et **i** sont des voyelles - **r**, **n**, **f** et **l** sont des consonnes.
maisons : **a**, **i** ,**o** sont des voyelles - **m**, **s** et **n** sont des consonnes.

3 gris – très – faim – des – et – jours – dans – mais – rien – pas – un – sous – sur – les – rues – pot – tiens – a – y – quoi – là – se

4 faim - fo /rêt – at/tra/pait - a/ven/tu/re

Application en collectif à l'oral

5
- rat
- roue
- radis
- salade
- cheval
- tortue

6
- volet
- marche
- salon
- poireau
- canapé
- imprimante
- balançoire
- récréation

Corrigés des exercices

Je m'entraîne

Connaître et utiliser les lettres

7 a. le pot
b. un stylo
c. octobre
d. difficile
e. le bas
f. le boa
g. une palette
h. une chaussure

8 a. un nid
b. une table
c. une robe
d. un volcan
e. une radio
f. un stade
g. une gomme
h. une lettre
i. un ami
j. une culotte

9 a. un tabouret
b. un boulanger
c. la semaine
d. du chocolat
e. un panier
f. un ordinateur
g. un arbre
h. une histoire
i. des ciseaux
j. la cantine

10 a. un légume → une carotte
b. un fruit → une fraise
c. un outil → un marteau
d. une pièce → la cuisine
e. un jour → vendredi

Connaître et utiliser les syllabes

11 a. une tulipe
b. la natation
c. un kangourou

12 a. le goû/ter
b. un si/rop
c. un pan/ta/lon
d. une ca/ri/ca/tu/re
e. un pin/ceau
f. un clas/seur

13 a. un canapé – une navette – une promenade
b. un chapiteau – un capitaine – un pirate
c. une boulangerie – un éboueur – une bouilloire
d. une chemise – un chemin – une poche
e. agile – un calepin – un caleçon – un arlequin

14 a. un dromadaire
b. un écrivain
c. une ardoise
d. le carnaval

J'écris – Je m'exprime

15 a. couronne : **o**, **u** et **e** sont des voyelles – **c**, **r** et **n** sont des consonnes
b. sardine : **a**, **e** et **i** sont des voyelles – **s**, **r**, **d** et **n** sont des consonnes
c. multicolore : **u**, **i**, **o**, et **e** sont des voyelles – **m**, **l**, **t** et **r** sont des consonnes
d. promenade : **o**, **e** et **a** sont des voyelles – **p**, **r**, **m**, **n** et **d** sont des consonnes

16 un moulin – une bouche – une poule – une boule – une mouche – un moule

À toi de jouer

parasol (pas – rat – sol)

Dictée

mais – dans – chez – sous – sur – quoi

→ *Préparons la dictée*

Lire une première fois les mots pour vérifier que les élèves en connaissent le sens. Ils doivent rester attentifs et ne rien écrire.
Faire épeler chaque mot.

Différenciation

→ *Remédiation : voir Photofiche Orthographe 1R.*
→ *Entraînement : voir Photofiche Orthographe 1E.*

Évaluation

→ *voir Photofiches Orthographe Évaluation.*

2 Le son [o] (o, au, eau)

Compétences : Identifier et écrire les différentes graphies du son [o] : o, au et eau.

Autour de la notion

Huit leçons de notre chapitre d'orthographe sont consacrées à l'étude de sons complexes qui peuvent avoir plusieurs graphies ([o], [e], [ɛ], [s] et [z], [k], [g] et [ʒ], [ɑ̃], [ɔ̃] et [ɛ̃], [j]). C'est une révision sans doute, mais la correspondance entre ces sons et leurs graphies n'est pas assurée pour certains élèves en début de CE1 et ne manque pas de leur poser problème en lecture ou en écriture.

Notre démarche pour l'étude de ces sons sera toujours la même, progressant **du son** (perception auditive) **à ses graphies**.

Nous commencerons donc par nous assurer que l'élève perçoit bien ce son en lui proposant des mots qui le contiennent puis nous en présenterons les différentes écritures.

→ *Activités de manipulation*

Proposer, à l'oral, une série de mots et faire sélectionner ceux dans lesquels on entend le son [o].

Proposer, à l'oral, une série de mots et faire localiser le son [o] au début, au milieu ou à la fin de ces mots et dans la syllabe qui le fait entendre.

Écrire au tableau une série de mots qui contiennent **la lettre o**. Les lire ou les faire lire et faire sélectionner ceux dans lesquels on entend le son [o] : un menton, un hibou, un volant, une addition

→ *Points d'attention*

La lettre **o** se prononce généralement [o], (o fermé) : un duo - un pot - un domino

Dans certains mots, la lettre o se prononce [ɔ], (o ouvert) : une robe – un bol – il sonne

Les lettres a, u et e, a, u associées se prononcent généralement [o], (o fermé) : un bandeau, un landau, l'eau.

Dans certaines régions le son [o] est parfois remplacé par [ɔ].

→ *Pistes de différenciation ou remédiation*

Reprendre en petits groupes les activités de manipulation.

Proposer une liste écrite de mots qui contiennent le son [o] et faire identifier les graphies **o**, **au** ou **eau**.

Construire un tableau à compléter au fil des dictées et des lectures.

Corrigés des activités

Découvrons et manipulons

Recherche en collectif à l'oral

1 **a)** On entend le son [o].

b) b<u>o</u>xer : le son [o] s'écrit avec la lettre **o**.

<u>eau</u> : le son [o] s'écrit avec les lettres **e**, **a**, **u**.

chev<u>au</u>x : le son [o] s'écrit avec les lettres **a**, **u**.

2 un ogre

3 *autre* ou *aux*

4 **a)** Dans *cadeau*, *bateau* et *rideau* le son [o] s'écrit avec les lettres **e**, **a**, **u**.

b) Le son [o] écrit **e**, **a**, **u** se trouve dans la dernière syllabe de ces mots.

Le son [o] s'écrit souvent **e**, **a**, **u** à la fin d'un mot.

Application en collectif à l'oral

5 **a)** Le son [o] se trouve dans les syllabes soulignées. Il s'écrit **o**, **au** ou **eau**.

b) un <u>o</u>/ra/ge – une <u>mo</u>/<u>to</u> – un sou/ri/<u>ceau</u> – un pia/<u>no</u> – un rou/<u>leau</u> – <u>beau</u>/coup – un res/<u>tau</u>/rant – des tra/<u>vaux</u>

6

le son [o] s'écrit o	le son [o] s'écrit au	le son [o] s'écrit eau
un domino un kimono	auprès autour autant	un rideau un bateau un chapeau

Corrigés des exercices

Je m'entraîne

***Identifier les différentes graphies du son* [o]**

7 *

le son [o] s'écrit o	le son [o] s'écrit au	le son [o] s'écrit eau
la boxe – gros – un numéro – une olive	le préau – un landau – un tuyau	un lionceau – un tableau – un château

8 un panneau – un vélo – le repos – un crapaud – un paquebot – un rodéo

Écrire le son [o]

9 **a.** un polo
b. chaud
c. un dossier
d. une épaule
e. un abricot
f. un otage
g. une auberge
h. une chaussure
i. un restaurateur
j. un robot

10 **a.** un cadeau
b. la police
c. un drapeau
d. le dos
e. le total
f. un oiseau
g. une orange
h. une photographie
i. un plateau
j. un morceau

11 **a.** un stylo
b. un chapiteau
c. applaudir
d. un pot
e. un poteau
f. un acrobate
g. un dauphin
h. un bateau
i. du chocolat
j. une automobile

12 **a.** un éléphanteau
b. un marteau
c. un piano
d. le judo
e. un manteau

J'écris – Je m'exprime

13 **a.** froid → chaud
b. maigre → gros
c. laid → beau
d. droite → gauche
e. bas → haut

14 Production libre
le loto – le mikado – le monopoly – le nain jaune

À toi de jouer

→ une autruche
→ une otarie

Dictée

un oiseau – la gauche – un poteau – un cadeau – un paquebot – un souriceau – des chevaux – piloter – se sauver

→ Préparons la dictée

Lire une première fois les mots pour vérifier que les élèves en connaissent le sens. Ils doivent rester attentifs et ne rien écrire. Faire épeler chaque mot.

Différenciation

→ *Remédiation : voir Photofiche Orthographe 2R.*
→ *Entraînement : voir Photofiche Orthographe 2E.*

Évaluation

→ *voir Photofiches Orthographe Évaluation.*

3 Le son [e] (é, ée, er, ez)

Manuel p. 48-49

Compétences : Identifier et écrire les graphies du son [e] : é, ée, er, ez.

Autour de la notion

En CE1, nous nous limitons aux graphies du son [e] les plus courantes. En effet, le son [e] s'écrit le plus souvent **é** (**e accent aigu**) : le téléphone – l'école – l'été. À la fin d'un mot, il peut s'écrire aussi :

- **ée :** une journée – la rentrée – une dictée
- **er :** un cahier – un panier – un grenier – chanter – aller – jouer
- **ez :** le nez – chez – assez – vous parlez – vous allez – vous donnez

Il existe plusieurs autres graphies du son [e] (par exemple : un pied) que nous n'évoquons pas ici, mais que les élèves ne manqueront pas de rencontrer au cours de leurs lectures et qu'il faudra signaler au fur et à mesure.

Notre démarche reste la même, progressant de la perception auditive du son à ses différentes graphies.

→ Activités de manipulation

Proposer à l'oral, une série de mots et faire sélectionner ceux dans lesquels on entend le son [e].

Proposer à l'oral, une série de mots et faire localiser le son [e] au début, au milieu ou à la fin de ces mots et dans la syllabe qui le fait entendre.

Écrire au tableau une série de mots qui contiennent le son [e]. Les lire ou les faire lire et entourer les différentes graphies du son [e].

→ *Points d'attention*

On veillera à ce que les élèves fassent bien la distinction auditive entre les sons [e] et [ɛ] puis qu'ils constatent la différence de position des accents aigus et graves au-dessus de la lettre **e**.

→ *Piste de différenciation ou remédiation*

Reprendre en petits groupes les activités de manipulation. Construire un tableau à afficher et à compléter au fur et à mesure des lectures et des dictées.

Corrigés des activités

Découvrons et manipulons

Recherche en collectif à l'oral

1 **a)** Les mots *imaginé* et *école* ont le son [e] en commun.
b) Dans les mots *imaginé* et *école* le son [e] s'écrit **é**.

2 **a)** On entend le son [e] à la fin des mots *cahiers* et *aller*.
b) À la fin des mots *cahiers* et *aller* le son [e] s'écrit **er**.

3 **a)** Le son [e] s'écrit **ée** dans les mots *rentrée* et *journée*.
b) Le son [e] est placé à la fin des mots *rentrée* et *journée*.

4 **a)** Le son [e] s'écrit **ez** dans le mot *avez*.
b) Le son [e] est placé à la fin du mot *avez*.

Application en collectif à l'oral

5

j'entends le son [e]	je n'entends pas le son [e]
un pâtissier – le boucher – une clé – vous nagez – un éléphant	un vêtement – une règle – une reine – un frein

6 • aimer – un panier – jouer – ~~une pâtisserie~~
<u>une pâtisserie</u> est le mot intrus car on n'entend pas le son [e].
• éblouir – départ – ~~deviner~~ – écran
<u>deviner</u> est le mot intrus car le son [e] ne s'écrit pas **er**.
• la fumée – une dictée – ~~une oreille~~
<u>une oreille</u> est le mot intrus car il s'agit du son [ɛ].

Corrigés des exercices

Je m'entraîne

***Identifier les graphies du son* [e]**

7 * une amitié – une année – un carré – une entrée – vous sautez – l'école

8 ** une t[é]l[é]vision – la mar[ée] – vous ven[ez] – ch[ez] – un n[ez] – emmen[er] – un escali[er] – écout[er] – une pinc[ée] – [é]trang[er]

***Écrire le son* [e]**

9 * **a.** un sabli**er**
b. une **é**curie
c. la libert**é**
d. le jardini**er**
e. **é**crire
f. du caf**é**
g. un pommi**er**
h. un prisonni**er**
i. un h**é**licoptère
j. un th**é**

10 ** **a.** une poup**ée**
b. un **é**clair
c. une chemin**ée**
d. l'**é**tonnement
e. **é**tourdi
f. une f**ée**
g. une bouch**ée**
h. un **é**picier
i. un **é**cureuil
j. la journ**ée**

11 *** **a.** Il veut écout**er** – vous écout**ez** – j'ai écout**é**
b. Je dois révis**er** – vous révis**ez** – tu as révis**é**
c. Elle croit rêv**er** – vous rêv**ez** – j'ai rêv**é**
d. J'aime navigu**er** – vous navigu**ez** – il a navigu**é**

12 *** **a.** une **é**toile
b. un cahi**er**
c. une bou**ée**
d. un roch**er**
e. un canap**é**
f. ass**ez**
g. une araign**ée**
h. une **ép**ée
i. un m**é**ti**er**
j. un **é**coli**er**

J'écris – Je m'exprime

13 * **Suggestions : a.** boulanger, épicier, plombier
b. léopard, éléphant, élan
c. épaule, nez
d. Béatrice, Léa, Olivier

14 * Production libre

À toi de jouer

Dessiner (dés – scie – nez)

Dictée

une église - un terrier – chez – une journée – un épicier – vous voyez – une épée – la marée

→ *Préparons la dictée*

Lire une première fois les mots pour vérifier que les élèves en connaissent le sens.
Les élèves doivent rester attentifs et ne rien écrire.
Faire épeler chaque mot. C'est essentiel pour la mémorisation des différentes graphies du son [e] dans ces mots.

Différenciation

→ *Remédiation : voir Photofiche Orthographe 3R.*
→ *Entraînement : voir Photofiche Orthographe 3E.*

Évaluation

→ *voir Photofiches Orthographe Évaluation.*

Orthographe

4 Le son [ɛ] (è, ê, ai, ei, et)

Manuel p. 50-51

Compétences : Identifier et écrire les différentes graphies du son [ɛ] : è, ê, e, ai, ei, et.

Autour de la notion

Les graphies du son [ɛ] que nous présentons dans cette leçon sont consignées dans le « Je retiens » p 48 du manuel.
Le son [ɛ] **s'écrit de plusieurs façons** :
- **è** (e accent grave) : des kilomètres – une sorcière
- **ê** (e accent circonflexe) : la fenêtre – la tête – être
- **e** (**devant une ou deux consonnes**) : la mer – hier – une fourchette – la terre
- **ai** ou **ei** : une naissance – le lait – jamais – une baleine – un peigne – treize
- **et** en fin de mot : un palet – un volet – un alphabet

→ *Activités de manipulation*

Proposer à l'oral, une série de mots et faire sélectionner ceux dans lesquels on entend le son [ɛ].
Proposer à l'oral, une série de mots et faire localiser le son [ɛ] au début, au milieu ou à la fin de ces mots et dans la syllabe qui le fait entendre.

Écrire au tableau une série de mots qui contiennent le son [ɛ]. Les lire ou les faire lire et entourer les différentes graphies du son [ɛ].

→ *Points d'attention*

Comme dans la leçon précédente, on veillera à ce que les élèves fassent bien la distinction auditive entre les sons [e] et [ɛ] puis qu'ils constatent la différence de position des accents aigus et graves au-dessus de la lettre **e**.
Les nombreuses graphies du son [ɛ] posent problème aux élèves quand ils ont à écrire des mots qui le contiennent. Il leur faudra du temps pour en mémoriser l'orthographe.

→ *Pistes de différenciation ou remédiation*

Reprendre en petits groupes les activités de manipulation.
Construire un tableau à afficher et à compléter au fur et à mesure des lectures et des dictées.

Corrigés des activités

Découvrons et manipulons

Recherche en collectif à l'oral

1 **a)** Le son [ɛ] est commun à ces deux mots.
b) Le son [ɛ] s'écrit **ai** dans le mot *naissance*.
Le son [ɛ] s'écrit **ei** dans le mot *baleines*.

2 **a)** Le son [ɛ] s'écrit **è** dans les mots *rivières* et *mammifères*.
b. Les voyelles **e** et **i** suivent la lettre **g** dans les mots *singe* et *énergique*.

3 **a)** Le son [ɛ] s'écrit **ê** dans le mot *même*.
b) La lettre **ê** est placée entre deux consonnes comme dans le mot *tête*.

Application en collectif à l'oral

4 • un pal**ai**s – la m**è**re – la p**ei**ne – la p**ê**che – le li**è**vre – un nav**et** – une fem**e**lle

5 • une chèvre – un frère – ~~une épine~~
• une fête – ~~une épaule~~ – être – une tête
• ~~une belle~~ – une aile – une maison – une saison
• une citerne – la mer – un exercice – ~~un cahier~~

Corrigés des exercices

Je m'entraîne

***Connaître les graphies du son* [ɛ]**

6 *

le son [ɛ] s'écrit è	le son [ɛ] s'écrit ai	le son [ɛ] s'écrit ei	le son [ɛ] s'écrit ê
une flèche une rivière	une centaine un dromadaire aimer de la laine	une baleine	une guêpe une tempête un pêcheur

7 ** **a.** une pierre – une miette – une pelle – ~~un melon~~
b. un peigne – la fièvre – la reine – ~~rien~~
c. la tête – ~~un château~~ – la forêt – une fenêtre
d. un secret – un sorbet – ~~petit~~ – un galet
e. du lait – ~~un grain~~ – un balai – un palais

8 *** un problème – un jouet – nouvelle – du miel – une antenne – la presse – une cuillère – seize – du raisin – une veste – un alphabet – une panthère

***Écrire le son* [ɛ]**

9 * **a.** un z**è**bre
b. un t**ê**tard
c. une gaz**e**lle
d. un fr**è**re
e. une p**e**rsonne
f. m**e**rcredi
g. un rep**è**re
h. un r**ê**ve
i. de l'h**e**rbe
j. le ci**e**l

10 ** **a.** Tu me fais de la p**ei**ne.
b. Clara est sur le qu**ai** du métro.
c. Il arrive la sem**ai**ne proch**ai**ne.
d. La n**ei**ge tombe sur la montagne.
e. Il y a quatre ch**ai**ses autour de la table.

11 *** **a.** une paire / un père
b. faire / du fer
c. un verre / vert
d. une galère / une galette / un galet

J'écris – Je m'exprime

12 * un balai – une sorcière – une fenêtre – une brouette – un volet – des pierres – une chouette – une planète – le ciel – une alouette – une mèche

13 ** **a.** un fermier : une fermière
b. un écolier : une écolière
c. un roi : une reine
d. vilain : vilaine

À toi de jouer

madeleine (mat – deux – lait – nœud)

Dictée

un frère – un rêve – seize – un aigle – un sifflet – un sorcier – du lait – la neige – le ciel – une hirondelle – une girouette

→ Préparons la dictée

Lire une première fois les mots pour vérifier que les élèves en connaissent le sens.
Ils doivent rester attentifs et ne rien écrire.
Faire épeler chaque mot. C'est essentiel pour la mémorisation des différentes graphies du son [ɛ] dans ces mots.
Le nombre de mots dictés doit être adapté au niveau des élèves.

Différenciation

→ *Remédiation : voir Photofiche Orthographe 4R.*
→ *Entraînement : voir Photofiche Orthographe 4E.*

Évaluation

→ *voir Photofiches Orthographe Évaluation.*

5 Le son [j] (ill, il, ille)

Manuel p. 52-53

Compétences : Identifier et écrire les différentes graphies du son [j].

Autour de la notion

Les graphies du son [j] sont nombreuses et difficiles à distinguer quand il s'agit d'orthographier un mot pour des élèves de CE1. Le « Je retiens » de la page 52 du manuel donne les limites de ce qui peut être abordé à ce niveau dans cette leçon.
Les élèves sont capables de distinguer **le genre du nom**, ce qui devrait leur faciliter l'écriture du son [j] à la fin d'un mot avec **il** ou **ille** (un conseil – une groseille).
Au milieu du mot **le son [j] peut s'écrire ill** (un brou**ill**on) ou **y** : le **y** remplace souvent deux **i**.
Deux voyelles encadrent la lettre **y** dans le mot voyage.
Le son [j] peut s'écrire avec la lettre i : un panier.
Une consonne et une voyelle encadrent la lettre **i** dans le mot *panier.*

→ *Activités de manipulation*

Proposer à l'oral des séries de mots et faire sélectionner ceux dans lesquels on entend le son [j].
Proposer à l'oral des séries de mots et faire localiser le son [j] au milieu ou à la fin de ces mots et dans les syllabes qui le font entendre.
Écrire au tableau des séries de mots qui contiennent le son [j]. Les lire ou les faire lire et entourer les différentes graphies de ce son (ill, il, y ou i).

→ *Piste de différenciation ou remédiation*

Pratiquer de fréquentes dictées de mots et élaborer des tableaux pour classer les mots rencontrés en dictée ou dans des lectures, en fonction des relations graphèmes/phonèmes pour favoriser la mémorisation.

Corrigés des activités

Découvrons et manipulons

Recherche en collectif à l'oral

1 **a)** Le son [j] est commun aux mots *fille* et *soleil.*
b) Le son [j] s'écrit **ille** dans le mot *fille.*
Le son [j] s'écrit **il** dans le mot *soleil.*
c) On entend le son [j] à la fin de ces mots.
d) On écrit **il** à la fin d'un mot masculin : le sole**il**.
On écrit **ille** à la fin d'un mot féminin : une f**ille**.

2 Les lettres **ill** font le son [j] dans le mot *scintillaient.*

3 La lettre **i** fait le son [j] dans le mot *intérieur.*

4 **a)** La lettre **y** fait le son [j] dans le mot *voyant.*
b) Deux voyelles encadrent la lettre **y** dans le mot *voyant.*

Application en collectif à l'oral

5 un trava**il** – la fam**ille** – le somme**il** -un écureu**il** – un av**i**on – une vo**y**elle – un infirm**i**er – un ro**y**aume

6
- une feu**ille**
- un conse**il**
- une b**ille**
- une boute**ille**
- un réve**il**
- la ve**ille**
- l'éma**il**
- un vie**il** homme
- une vie**ille** femme
- un appare**il**
- une merve**ille**
- une jonqu**ille**

Corrigés des exercices

Je m'entraîne

Connaître les différentes graphies du son [j]

7 * la muraille – gagner – un gouvernail – la volaille – un crayon

8 ** un appare[il] – la pa[ille] – un tu[y]au – un orte[il] – la solut[i]on – une fam[ille] – une abe[ille] – essu[y]er – un gard[i]en – un vitra[il] – le seu[il]

9 *** **a.** une corbeille – un chevreuil – ~~une poubelle~~
b. un détail – ~~une poule~~ – la fouille – du fenouil
c. une quille – ~~un collier~~ – une jonquille
d. une feuille – la vanille – ~~une pile~~
e. travailler – bouillir – ~~pâlir~~

Savoir écrire le son [j]

10 * **a.** un pomp**ie**r
b. une ra**y**ure
c. une addit**ion**
d. un tu**y**au
e. le ch**ie**n
f. nous pa**y**ons
g. b**ie**n
h. envo**y**er
i. cr**ie**r
j. bala**y**er

11 * un coqu**ill**age – la v**ia**nde – un poula**ill**er – un pap**ill**on – un cah**ie**r – un pan**ie**r

12 ** **a.** un éventa**il**
b. une grenou**ill**e
c. un porta**il**
d. une chen**ill**e

13 *** **a.** le no**y**au
b. un chanda**il**
c. le gru**y**ère
d. une ore**ille**
e. un cam**io**n
f. le somme**il**
g. ju**ill**et
h. un b**ill**et
i. une grose**ille**
j. hab**ill**er

J'écris – Je m'exprime

14 * Production libre

15 ** le soleil – un podium – une médaille – un champion – un portail – un papillon – un caillou – des feuilles

À toi de jouer

une coquille / une abeille
un écureuil / un fauteuil
un lion / un piano

Dictée

un appareil – un tuyau – une jonquille – un détail – un violon – bien – un camion – le gruyère – un cahier – une chenille – rayer

→ Préparons la dictée

Lire une première fois les mots pour vérifier que les élèves en connaissent bien le sens.
Ils doivent rester attentifs et ne rien écrire.
Faire épeler chaque mot. C'est essentiel pour la mémorisation de l'orthographe.
Le nombre de mots dictés doit être adapté au niveau des élèves.

Différenciation

→ *Remédiation : voir Photofiche Orthographe 5R.*
→ *Entraînement : voir Photofiche Orthographe 5E.*

Évaluation

→ *voir Photofiches Orthographe Évaluation.*

6 La lettre *s*

Manuel p. 54-55

Compétences : Identifier et écrire les valeurs de la lettre *s*.

Autour de la notion

En CE1, nous travaillons les valeurs de la lettre **s** les plus courantes.
La lettre **s** se prononce **[s]** entre **une voyelle** et **une consonne** (ju**s**te, un ge**s**te) ou au début d'un mot (le **s**ommeil, le **s**oleil). Le son **[s]** s'écrit **ss** entre deux voyelles (je pa**ss**e, au**ss**itôt, la triste**ss**e). Toutefois, la lettre **s** ne se prononce pas à la fin de certains mots (un tapi**s**) et quand elle indique le pluriel.
La lettre **s** se prononce **[z]** entre **deux voyelles** (une vali**s**e, la rai**s**on).
Les élèves ne manqueront pas de rencontrer ces graphies dans des textes de lectures.

→ Points d'attention

On veillera à ce que les élèves fassent bien la distinction auditive entre les sons [s] et [z].
Les différentes graphies du son [s], en particulier, peuvent poser problème aux élèves quand ils ont à écrire des mots qui le contiennent.
Mais les indices donnés par la place du s dans le mot **(s entre une voyelle et une consonne, s au début d'un mot, ss entre deux voyelles)** seront une aide en attendant que l'orthographe des mots soit mémorisée.
C'est pourquoi, il est primordial de faire lire à haute voix le « Je retiens » de la page 54 aux élèves en difficultés afin de leur permettre d'identifier correctement le son [s] et ses graphies.
Il est également nécessaire de porter l'attention des élèves sur **les liaisons** qui font entendre le son [z] quand la lettre **s** se trouve entre deux voyelles : Les‿éléphants se baignent dans des‿eaux chaudes.

→ Piste de différenciation ou remédiation

Pratiquer de fréquentes dictées de mots et élaborer des tableaux pour classer les mots rencontrés en dictée ou dans des lectures, en fonction des relations graphèmes/phonèmes pour favoriser la mémorisation.

Corrigés des activités

Découvrons et manipulons

Recherche en collectif à l'oral

1 **a)** La lettre **s** se prononce [s] dans les mots *juste* et *sieste*.
b) La lettre s est encadrée par une voyelle et une consonne.
c) Le mot souligné commence par la lettre **s**.

2 **a)** Dans le mot raison, la lettre **s** se prononce [z].
b) Les voyelles **i** et **o** encadrent la lettre **s**.

3 **a)** Les lettres **ss** se prononcent [s] dans le mot passé.
b) Les voyelles **a** et **é** encadrent les 2 lettres **s**.

Application en collectif à l'oral

4 On entend le son [z] dans les mots *sanglier*, *aspirateur* et *classe*.
On entend le son [z] dans le mot *bison*.

5 L'intrus est le mot *tapis*.

Corrigés des exercices

Je m'entraîne

Identifier les sons avec la lettre s

6 * un ge[s]te – un fri[ss]on – une ma[ss]e – la [s]oupe – un poi[ss]on – un serpent

7 ** la musique – une usine – un oiseau – une fusée – une chose

8 ** **a.** un vase – ~~il casse~~ – un rasoir
b. une veste – un vestiaire – ~~un visage~~
c. le dos – ~~un bus~~ – un tracas

Écrire la lettre s

9 ** la pou**ss**ière – des chau**ss**ons – une hi**s**toire – un me**ss**age – une mi**ss**ion – une que**s**tion – un arti**s**te – un pa**ss**eport – un bi**s**cuit

10 * le rai**s**in – un maga**s**in – une noi**s**ette – la bi**s**e

11 ** les mouton**s** – moin**s** – Pari**s** – des ami**s** – un puit**s** – le ba**s** – mai**s** – san**s**

12 *** **a.** une salade
b. une assiette
c. une valise
d. un sapin

13 *** **a.** Il utilise une bou**ss**ole pour se repérer.
b. On porte un gilet de **s**auvetage quand on ne **s**ait pas nager.
c. Il y a des poi**ss**ons rouges dans le ba**ss**in.
d. La ca**ss**erole est brûlante*.
e. Il ne faut pas dire de men**s**onges.

J'écris – Je m'exprime

14 * **a.** un pou**ss**in
b. un héri**ss**on
c. un **s**inge
d. un mor**s**e

15 ** • **un animal marin :** le poisson
• **un oiseau :** le poussin
• **un arbre :** un sapin
• **du venin :** le poison

À toi de jouer

un serpent (cerf – paon)
une sauterelle (seau – te – r – aile)

Dictée

une danse – il passe – un rasoir – la soupe – une rose – une serpillère – une case – une personne

→ *Préparons la dictée*

Lire une première fois les mots pour vérifier que les élèves en connaissent bien le sens.
Ils doivent rester attentifs et ne rien écrire.
Faire épeler chaque mot. C'est essentiel pour la mémorisation des différentes graphies des sons [s] et [z] dans ces mots.
Le nombre de mots dictés doit être adapté au niveau des élèves.

Différenciation

→ *Remédiation : voir Photofiche Orthographe 6R.*

→ *Entraînement : voir Photofiche Orthographe 6E.*

Évaluation

→ *voir Photofiches Orthographe Évaluation.*

7 La lettre *c*

Manuel p. 56-57

Compétences : Identifier et écrire les valeurs de la lettres c.

Autour de la notion

En CE1, nous travaillons les valeurs les plus courantes de la lettre c.
La lettre **c** se prononce [k] devant une **consonne** (un **c**ri) ou devant les **voyelles a, o, u** (un **c**artable, une sou**c**oupe, du **c**uir).
La lettre **c** se prononce [s] devant les voyelles e, i et y. Toutefois, pour qu'elle se prononce [s] devant a, o et u, il faut l'écrire ç.
On rencontrera des mots qui se terminent par la lettre **c** qui ne s'entend pas : ban**c**, blan**c**.
Cette leçon respecte aussi la démarche de progression de la perception auditive du son à ses différentes graphies.

→ *Points d'attention*

Les différentes graphies du son [s] peuvent poser problème aux élèves quand ils ont à écrire des mots qui le contiennent. Toutefois les indices donnés par la place du **c** dans le mot seront une aide en attendant que l'orthographe des mots soit mémorisée. C'est pourquoi il est primordial de faire lire à haute voix le « Je retiens » de la page 56 aux élèves en difficulté afin de leur permettre d'identifier correctement les valeurs de la lettre c.

→ *Piste de différenciation ou remédiation*

Pratiquer de fréquentes dictées de mots contenant le son [s] et élaborer des tableaux pour classer les mots.

Corrigés des activités

Découvrons et manipulons

Recherche en collectif à l'oral

1 La lettre c se prononce [k] dans le mot *soucoupe*.

2 Les mots *sac*, *exclame* et *exactement* font le son [k] avec la lettre c.

3 Dans le mot *espace* la lettre c se prononce [s].

Application en collectif à l'oral

4

j'entends le son [k]	je n'entends pas le son [k]
une cage un colibri un cri un clou	une cerise une limace un cigare un cygne

5 un escargot – un collier – le cou – un sac – un caillou – un coquelicot

6 • un chat – ~~un clou~~ – une échelle
• ~~le cinéma~~ – une craie – un casque
• une menace – un ciel – ~~il casse~~
• un bec – un sac – ~~un banc~~

Corrigés des exercices

Je m'entraîne

Identifier les sons avec la lettre c

7 une c[a]ge – une sec[r]et – un c[l]ou – un mirac[l]e – un c[l]own – un c[u]be – une c[a]nne

8

la lettre c se prononce [k]	la lettre c se prononce [s]
un coffre – une carte – une cabane – un balcon	le cirque – un lacet – la leçon – le cinéma

9 **a.** un corbeau – un cadre – ~~le cinéma~~
b. ~~une coquille~~ – un citron – une glace
c. un escargot – l'escrime – ~~l'essence~~
d. un parc – un sac – ~~un sachet~~
e. un éclair – un écran – ~~une échelle~~

Écrire la lettre c

10 **a.** casque
b. cousin
c. citron
d. France
e. glaçon

11 **a.** un cygne
b. un caméléon
c. un rhinocéros
d. un écureuil

12 **a.** Nous avons repeint la fa**ç**ade de l'immeuble.
b. Peux-tu me rendre ce servi**ce** ?
c. Il mange un yaourt avec une **c**uillère.
d. Ma cousine a accouché d'un petit gar**ç**on.
e. Sur le lac, le **c**ygne s'est posé gracieusement.
f. Pour Halloween, les enfants décorent des **c**itrouilles.

J'écris – Je m'exprime

13 le cou – le coude – la cuisse – le crâne...

14 Production libre

À toi de jouer

- cocorico : le coq
- coin-coin : le canard
- coco : le perroquet

Dictée

un clown – le citron – une clé – un castor – le canard – le perroquet – la locomotive – une citrouille – une capucine

→ Préparons la dictée

Lire une première fois les mots pour vérifier que les élèves en connaissent bien le sens.
Ils doivent rester attentifs et ne rien écrire.
Faire épeler chaque mot. C'est essentiel pour la mémorisation de l'orthographe.
Le nombre de mots dictés doit être adapté au niveau des élèves.

Différenciation

→ *Remédiation : voir Photofiche Orthographe 7R.*
→ *Entraînement : voir Photofiche Orthographe 7E.*

Évaluation

→ *voir Photofiches Orthographe Évaluation.*

8 La lettre g

Compétences : Identifier et écrire les valeurs de la lettre g.

Autour de la notion

En CE1, nous travaillons toutes les valeurs de la lettre g.
La lettre g se prononce **[g]** devant les **voyelles a, o, u** et les **consonnes** (un re**g**ard – un **g**orille – un lé**g**ume). Pour faire le son **[g]** elle s'écrit **gu** devant les **voyelles e, i, y** (une ba**gu**ette – une **gu**itare).
Elle se prononce **[ʒ]** devant les **voyelles e, i, y** (une pla**ge** – rou**gi**r – un **gy**mnase) ou doit s'écrire **ge** devant les **voyelles a** et **o** (une oran**gea**de – une na**geo**ire) pour faire le son **[ʒ]**.
À noter que, placée en fin de mot, la lettre **g** se prononce parfois [g] (un gon**g** – Kin**g** Kon**g**) ou peut être muette (lon**g** – ran**g** – san**g**).
Cette leçon respecte une démarche de progression de la perception auditive du son à ses différentes graphies.

→ Points d'attention

Les différentes graphies des sons **[g]** et **[ʒ]** peuvent poser problème aux élèves quand ils ont à écrire des mots qui le contiennent. Toutefois les indices donnés par la place du **g** dans le mot seront une aide en attendant que l'orthographe des mots soit mémorisée. C'est pourquoi, il est primordial de faire lire à haute voix le « Je retiens » de la page 58 aux élèves en difficulté afin de leur permettre d'identifier correctement les sons [g] et [ʒ] et leurs graphies.

→ Piste de différenciation ou remédiation

Pratiquer de fréquentes dictées de mots et élaborer des tableaux pour classer les mots rencontrés en dictée ou dans des lectures, en fonction des relations graphèmes/phonèmes pour favoriser la mémorisation.

Corrigés des activités

Découvrons et manipulons

Recherche en collectif à l'oral

1 a) La lettre **g** se prononce [g] dans les mots *algues* et *groupe*.
b) La lettre u suit la lettre g dans le mot *algues*. La lettre r suit la lettre g dans le mot *groupe*.

2 a) La lettre g se prononce [ʒ] dans les mots *nageoire* et *géante*.
b) La lettre e suit la lettre g dans le mot *nageoire*. La lettre é suit la lettre g dans le mot *géante*.
Remarques : montrer aux élèves que la lettre **g** se prononce [ʒ] devant les **voyelles e, i, y.**

Revenir sur le fait que pour que la lettre **g** se prononce [ʒ] devant les **voyelles a et o**, il faut lui ajouter la lettre **e**. On peut également utiliser la lettre **j** pour écrire le son [ʒ] devant une voyelle.

Application en collectif à l'oral

3

la lettre g se prononce [g]	la lettre g se prononce [ʒ]
une bagarre – une grue – une bague – une gomme	une bougie – badge – la neige – la magie

4 un **g**arçon – la pla**ge** – le re**g**ard – un vira**ge** – il encoura**gea**it – un **g**âteau – une ba**gu**e

Corrigés des exercices

Je m'entraîne

Identifier les sons avec la lettre g

5 * une [g]are – un i[g]loo – une fi[g]ure – une [g]ravure

6 * **a.** une page – une cage – un nuage – ~~une vague~~
On entend le son [ʒ] dans ces trois mots.
b. diriger – un pigeon – ~~une gamelle~~ – un cageot
On entend le son [ʒ] dans ces trois mots.
c. une guitare – ~~un singe~~ – une bague – un gorille
On entend le son [g] dans ces trois mots.
d. une gare – un gant – la guerre – ~~des gens~~
On entend le son [g] dans ces trois mots.

7 ** Les singes sont très agiles. Leur [longue] queue les aide à [garder] leur équilibre, à attraper les fruits ou à se protéger des prédateurs. La [guenon] crie lorsque le danger est proche. Les singes aiment surtout faire des [grimaces] !
N.B : Les mots comportant le son [g] ont été encadrés. Les mots comportant le son [ʒ] ont été soulignés.

Écrire la lettre g

8 ** une vir**g**ule – ri**g**olo – du nou**g**at – une mar**gu**erite – une fi**g**ure – un dra**g**on – un **g**oûter – un **gu**ide – navi**gu**er

9 ** un **gé**nie – un **gi**let – rou**ge**
le coura**ge** – bou**ge**r – sa**ge**
un plon**geo**n – nous bou**geo**ns

10 ✱✱ une oran**ge**ade – une **gu**irlande – un pi**ge**on – une épon**ge** – un bour**ge**on – man**ge**r – la **gu**enon – un **g**arage – une **gu**êpe – une bou**gi**e

11 ✱✱ **a.** la langue contient le son [g].
b. une bague contient le son [g].
c. un genou contient le son [ʒ].
d. un magicien contient le son [ʒ].
e. un guidon contient le son [g].

J'écris – Je m'exprime

12 ✱ Production libre

13 ✱✱ Tous ces mots font entendre les sons [g] et [ʒ].

À toi de jouer

Dans la boulangerie : une galette – ~~une luge~~
Dans la boucherie : ~~du cirage~~ – un gigot
Dans la librairie : un magazine – ~~un aigle~~

Dictée

un gâteau – une vague – un singe – une virgule – une blague – la gymnastique – la gorge – un guidon – gris – elle mangeait – une gravure

→ Préparons la dictée

Lire une première fois les mots pour vérifier que les élèves en connaissent bien le sens.
Ils doivent rester attentifs et ne rien écrire.
Faire épeler chaque mot. C'est essentiel pour la mémorisation de l'orthographe.
Le nombre de mots dictés doit être adapté au niveau des élèves.

Différenciation

→ *Remédiation : voir Photofiche Orthographe 8R.*
→ *Entraînement : voir Photofiche Orthographe 8E.*

Évaluation

→ *voir Photofiches Orthographe Évaluation.*

9 La lettre m devant m, p et b

Manuel p. 60-61

Compétences : Identifier et écrire les sons [ɑ̃], [ɛ̃] et [ɔ̃] devant les consonnes m, b et p.

Autour de la notion

Une partie de l'orthographe de la langue française est purement phonétique, certaines lettres changent pour écrire certains sons selon la lettre placée après ce son. C'est le cas de la consonne **n** dans les sons [ɛ̃], [ɔ̃] et [ɑ̃] devant les consonnes **m, p** ou **b**. Cette particularité nous vient du latin. Par exemple, le mot latin à l'origine du mot français *temple* est *templum* dans lequel on prononçait le **m**. Aujourd'hui, le **m** devant **m, b et p** n'est généralement plus prononcé.
Malgré une **prononciation différente**, nous avons gardé l'écriture romaine et **nous remplaçons toujours le n par un m devant m, b, p**.
Ces considérations ne sont pas à enseigner à des élèves de CE1 dont on attend plutôt que se crée un automatisme quand ils ont à écrire la consonne **n** dans les sons [ɛ̃], [ɔ̃] et [ɑ̃] devant les consonnes **m, p** ou **b**. C'est pourquoi, il est primordial de les faire lire à voix haute le « Je retiens » de la page 60 du manuel.

→ Activité de manipulation

Écrire au tableau des mots dans lesquels on entend les sons [ɛ̃], [ɔ̃] et [ɑ̃].
Faire ranger ces mots par sons, puis faire entourer ces sons et faire constater que certains s'écrivent avec un n et d'autres avec un m.
Demander pourquoi il faut écrire ces mots avec un n ou un m.

→ Piste de différenciation ou remédiation

Pratiquer de fréquentes dictées de mots et élaborer des tableaux pour classer les mots rencontrés en dictée ou dans des lectures, en fonction des relations graphèmes/phonèmes pour favoriser la mémorisation.

Corrigés des activités

Découvrons et manipulons

Recherche en collectif à l'oral

1 **a)** Dans les mots *champion* et *chambre* le son [ɑ̃] s'écrit **am**. Il s'écrit **an** dans le mot *banquise*.
b) Devant les consonnes p et b, le son [ɑ̃] s'écrit **am**.

2 **a)** Dans le mot *temps*, le son [ɑ̃] s'écrit **em**. Il s'écrit **en** dans le mot *moment*.
b) Devant la consonne p, le son [ɑ̃] s'écrit **em**.

3 **a)** Dans le mot *impeccable*, le son [ɛ̃] s'écrit **im**. Il s'écrit **in** dans le mot *jardin*.
b) Devant la consonne p, le son [ɛ̃] s'écrit **im**.

4 Le son [ɔ̃] ne s'écrit pas **om** dans le mot *monde* car il n'est pas suivi des consonnes p ou b.

Application en collectif à l'oral

5 une **chan**son – un **sham**pooing – un **nom**bre – **im**poli – **in**vité

6 ombre – ombrageux – ombrelle – oncle – ongle

Corrigés des exercices

Je m'entraîne

Reconnaître les sons [ɑ̃], [ɛ̃] et [ɔ̃] devant m, b, p

7 * cam[p]er – novem[b]re – ressem[b]ler – septem[b]re – le printem[p]s – em[m]itouflé

8 ** i[m]portant – sim[p]le – im[p]air – une im[p]rimerie – im[m]angeable – im[p]rudent

9 ** **a.** la tempe – ~~la tente~~ – ensemble – trembler
b. une compote – un compte – ~~un conte~~
c. un impôt – imperméable – ~~inspirer~~ – imprévu
d. une ampoule – un champignon – ~~un pantalon~~
e. imbuvable – intéressant – ~~invincible~~

Écrire les sons [ɑ̃], [ɛ̃] et [ɔ̃] devant m, b, p

10 * **a.** une bo**m**be
b. il plo**n**ge
c. du plo**m**b
d. un po**m**pier
e. un co**m**bat
f. le mo**n**de
g. il to**m**be
h. il s'allo**n**ge
i. une mo**n**tre
j. un co**n**tact

11 ** **a.** un timbre
b. un compas
c. une trompette
d. un tambour

12 ** **a.** un chant – un champ – une tente – le temps – pendant – ensemble – une ambulance
b. imprévu – grimper – Internet – imbécile – une timbale – indigeste – un immeuble
c. un monstre – un trombone – nombreux – blond – combien – content – le nombril

J'écris – Je m'exprime

13 * Production libre

14 ** Production libre

À toi de jouer

A	E	I	R	J	R	F	K	O
E	M	B	R	A	S	S	E	R
C	B	H	E	M	B	H	L	P
C	E	V	O	B	O	M	B	E
U	T	J	D	O	C	W	M	A
D	E	T	O	N	D	Z	N	C
P	R	I	N	T	E	M	P	S

embrasser – embêter – printemps – jambon – bombe

Dictée

le printemps – un nombre – la France – un imprévu – Tintin – un tambour – vingt – un concombre – invincible – une enveloppe

→ Préparons la dictée

Lire une première fois les mots pour vérifier que les élèves en connaissent bien le sens.
Les élèves doivent rester attentifs et ne rien écrire.
Faire épeler chaque mot. C'est essentiel pour la mémorisation de l'orthographe.
Le nombre de mots dictés doit être adapté au niveau des élèves.

Différenciation

→ *Remédiation : voir Photofiche Orthographe 9R.*
→ *Entraînement : voir Photofiche Orthographe 9E.*

Évaluation

→ *voir Photofiches Orthographe Évaluation.*

10 Les mots invariables

Manuel p. 62-63

Compétences : Reconnaître les mots invariables.
Orthographier sans erreur les mots invariables et les mémoriser.

Autour de la notion

Les mots invariables sont des mots dont l'orthographe ne change jamais. Ils ne s'accordent ni en **nombre** ni en **genre**. Ils ne se conjuguent pas. Ils sont de **natures différentes** :
Prépositions: avec, à, dans, de, par, pour, sous, sur...
Conjonctions: mais, ou, et, donc, or, ni, car.
Adverbes : vite, mieux, rapidement, gentiment, sagement, beaucoup, peu, très, fort, combien, davantage, plus, trop, après, bientôt, déjà, ensuite, jamais, maintenant, pendant, chez, dans, dedans, derrière, loin, sur, volontiers, certainement, vraiment, guère, jamais, rien, peut-être, probablement, sans doute, vraisemblablement...
Le « Je retiens » de la page 62 du manuel donne une liste limitée de mots invariables à **mémoriser** pour les élèves de CE1.

→ *Activité de manipulation*

Donner des articles de journaux aux élèves et une copie du tableau du « Je retiens » de la page 62 du manuel. Leur demander d'entourer tous les mots invariables qu'ils reconnaissent. C'est une façon de constater qu'il y en a beaucoup et aussi de les mémoriser progressivement.
Montrer que certains mots invariables indiquent le **lieu**, le **temps**, la **quantité**.

→ *Points d'attention*

Au cours de leurs lectures ou exercices, les élèves rencontrent beaucoup de mots invariables.
Petit à petit, ils ne les déchiffrent plus car leur grande fréquence leur permet de les identifier globalement.
La **mémorisation** de l'orthographe de ces mots invariables est l'objectif principal de cette leçon.

→ *Piste de différenciation ou remédiation*

Pratiquer en petits groupes les activités de manipulation.

Corrigés des activités

Découvrons et manipulons

Recherche en collectif à l'oral

1 **b)** Les mots qui ne changent pas dans ces deux phrases sont *ne* et *jamais*.

2 L'orthographe des mots *sur*, *entre* et *avec* ne change jamais.

Application en collectif à l'oral

3 • Il arrivera demain. → Nous arriverons demain.
• Il est très content. → Elles sont très contentes.
• J'aime beaucoup les fraises. → Vous aimez beaucoup les fraises.

4 • toujours – ~~rouge~~ – près – avec
• aussi – moins – dans – ~~assis~~
• dur – ~~beaucoup~~ – peu – tard

Corrigés des exercices

Je m'entraîne

Reconnaître les mots invariables

5 * avec – plus – toujours – maintenant – chez – encore – plus – loin – jamais

6 ** **a.** • Je ne reste jamais dans ce lieu.
• Nous ne restons jamais dans ces lieux.
b. • Je joue souvent dehors avec mon ami.
• Ils jouent souvent dehors avec leurs amis.
c. • Il est toujours très content.
• Ils sont toujours très contents.
d. • J'aime beaucoup la glace.
• Nous aimons beaucoup les glaces.
e. • Je me cache dans une pièce.
• Nous nous cachons dans des pièces.

7 ** **a.** après – demain – ~~loin~~ – longtemps
b. sur – sous – ~~jamais~~ – autour
c. avec – sans – ~~hier~~ – entre
d. chez – dedans – ~~pourquoi~~ – dehors
e. ~~dehors~~ – aujourd'hui – maintenant

Orthographier et utiliser les mots invariables

8 * **a.** Il est sage **comme** une image.
b. Nous aimons **beaucoup** cette région.
c. **Demain**, nous irons à la plage.
d. Elle lit **toujours** un livre avant de dormir.
e. Le chat tourne **autour** du canapé.

9 **a. Hier**, nous sommes allés à l'école.
b. Le cheval porte son cavalier **sur** le dos.
c. Il est **très** content de son voyage.
d. Le chat dort tout **près** du feu.
e. Le printemps vient **après** l'hiver.

10 **a.** avec / sans
b. dedans / dehors
c. toujours / jamais
d. peu / beaucoup
e. moins / plus
f. loin / près

J'écris – Je m'exprime

11 toujours – dehors – encore – beaucoup

12 Production libre

À toi de jouer

autour – jamais – aujourd'hui – chez – encore – même

Dictée

demain – hier – souvent – maintenant – autour – dans – dedans – dehors – aussi – comme – plus – moins – sans – pourquoi – ensemble

→ Préparons la dictée

Lire une première fois les mots pour vérifier que les élèves en connaissent bien le sens.
Ils doivent rester attentifs et ne rien écrire.
Faire épeler chaque mot. C'est essentiel pour la mémorisation de l'orthographe.
Le nombre de mots dictés doit être adapté au niveau des élèves.

Différenciation

→ *Remédiation : voir Photofiche Orthographe 10R.*
→ *Entraînement : voir Photofiche Orthographe 10E.*

Évaluation

→ *voir Photofiches Orthographe Évaluation.*

Je réinvestis mes connaissances

Manuel p. 64-65

**Les 19 premiers exercices proposés reprennent chacune des notions étudiées au cours de ce module.
Les 3 derniers exercices transversaux et d'écriture proposés brassent les notions étudiées.**

Exercices	Compétences traitées
Exercice 1	Connaître et utiliser les lettres (voyelles et consonnes). Connaître et utiliser les syllabes.
Exercice 2	Connaître et utiliser les lettres (voyelles et consonnes). Connaître et utiliser les syllabes.
Exercice 3	Connaître et utiliser les lettres (voyelles et consonnes). Connaître et utiliser les syllabes.
Exercice 4	Identifier et écrire les différentes graphies du son [o] : o, au et eau.
Exercice 5	Identifier et écrire les différentes graphies du son [o] : o, au et eau.
Exercice 6	Identifier et écrire les graphies du son [e] : é, ée, er, ez.
Exercice 7	Identifier et écrire les graphies du son [e] : é, ée, er, ez.
Exercice 8	Identifier et écrire les différentes graphies du son [ɛ] : è, ê, e, ai, ei, et.
Exercice 9	Identifier et écrire les différentes graphies du son [j].
Exercice 10	Identifier et écrire les valeurs de la lettre s.
Exercice 11	Identifier et écrire les valeurs de la lettre c.
Exercice 12	Identifier et écrire les valeurs de la lettre c.
Exercice 13	Identifier et écrire les valeurs de la lettre g.
Exercice 14	Identifier et écrire les valeurs de la lettre g.
Exercice 15	Identifier et écrire les sons [ɑ̃], [ɛ̃] et [ɔ̃] devant les lettres m, b, p.
Exercice 16	Identifier et écrire les sons [ɑ̃], [ɛ̃] et [ɔ̃] devant les lettres m, b, p.
Exercice 17	Identifier et écrire les sons [ɛ̃], [ɔ̃] et [ɑ̃] devant les lettres m, b, p.
Exercice 18	Reconnaître les mots invariables.
Exercice 19	Reconnaître les mots invariables. Orthographier sans erreur les mots invariables et les mémoriser.
Exercices transversaux	
Exercice 20	Identifier et écrire les sons [ɑ̃], [ɛ̃] et [ɔ̃] devant les lettres m, b, p. Identifier le son produit par la lettre e selon l'accent qu'elle porte. Utiliser l'accent qui convient pour que la lettre e se prononce [e] ou [ɛ]. Reconnaître les mots invariables. Orthographier sans erreur les mots invariables et les mémoriser.
Exercice 21	Identifier et écrire les graphies du son [e] : é, ée, er, ez. Identifier et écrire les valeurs de la lettre s. Identifier et écrire les valeurs de la lettre g.
Exercice 22	Toutes les compétences.

Les voyelles – les consonnes – les syllabes

1 * une cha**m**bre – une tort**u**e – un c**o**rbeau – une voy**e**lle – un gar**a**ge – un vo**y**age

2 ** un croco**d**ile – un cana**r**d – une sa**l**ade – un nua**ge** – un ma**n**ège – une for**m**ule

3 **
a. un lot (1)
b. le cho/co/lat (3)
c. un poi/reau (2)
d. une mar/gue/ri/te (4)
e. un su/per/mar/ché (5)
f. une é/pi/ce/rie (4)
g. un im/meu/ble (3)
h. une syl/la/be (3)

Le son [o] (o, au, eau)

4 * un agn[eau] – la l[o]terie – la g[au]che – b[eau] – un b[o]cal – un troup[eau] – gal[o]per – une [au]berge

5 ** un tric**ot** – des ch**au**ssures – un p**ot** – un chap**eau** – une t**o**mate – un pot**eau**

Le son [e] (é, ée, er, ez)

6 * la vall**ée** – du bl**é** – une bou**ée** – l'**é**cole – un cong**é** – une pens**ée** – une id**ée** – une fess**ée** – **é**tourdi

7 **
a. Le boulang**er** fabrique le pain.
b. Ven**ez**-vous dîn**er** à la maison ?
c. Le t**é**l**é**phone sonne ch**ez** nos voisins.
d. Ils ont une dict**ée** le jour de la rentr**ée**.

Le son* [ɛ] *(è, ê, e, ai, ei, et)

8 * un fil[et] – un bal[ai] – une ch[è]vre – une ens[ei]gne – un écl[ai]r – la p[ei]ne – la t[ê]te – le vin[ai]gre – une chât[ai]gne – la l[è]vre – un fou[et] – du r[ai]sin

Le son* [j] *(ill, il, ille)

9 ** **a.** Il y a six **voyelles** dans l'alphabet.
b. Je prends l'**escalier** pour monter à l'étage.
c. Il dort d'un **sommeil** profond.
d. Tu manges une glace à la **vanille**.
e. Mon **réveil** sonne tous les matins.

La lettre s

10 ** un ca**s**que – un **s**igne – une a**ss**iette – une bo**ss**e – un a**s**pirateur – un pou**ss**in

La lettre c

11 * un abricot – l'acajou – un car – un cube – un clou – un écran

12 * une glace – le cinéma – un maçon – une leçon – un cygne – une farce

La lettre g

13 * une al**gu**e – un **gu**ide – il **g**arde – une ba**g**arre – une **g**lace – il **g**rimpe – une ba**gu**e – la fati**gu**e – une **g**ourde – un la**g**on

14 ** la rou**ge**ole – un dé**j**euner – une lu**ge** – **j**anvier – un passa**ge** – une aller**gi**e – il nei**ge** – l'**Ég**ypte

La lettre m devant m, p et b

15 * **a.** un ancêtre – une tante – ~~une tanière~~
b. une réponse – ~~un tonneau~~ – un étalon
c. il invente – une pente – ~~la venue~~
d. un singe – ~~un dessinateur~~ – un poussin

16 ** un éternueme**n**t – une de**n**t – la te**m**pérature – un rale**n**tisseme**n**t – un e**m**prunt – si**m**ple – une ti**m**bale – une to**m**bola – un di**n**don

17 ** une **am**bulance – une **in**firmière – un **on**cle – la **tem**pérature – un t**am**bour – un **in**vité – un t**im**bre – un ch**an**tier – **com**bien

Les mots invariables

18 ** **a.** Son train est [enfin] arrivé.
b. Il aime [beaucoup] les fruits.
c. [Autrefois], on utilisait les diligences.
d. J'ai [trop] mangé.
e. Kim voyage [avec] Juliette.

19 ** **a. Pourquoi** emportes-tu ton sac de sport ?
b. Je vais très **souvent** au cinéma.
c. Notre maison n'est pas **loin** de la plage.
d. J'achète mon pain **chez** le boulanger.
e. Après l'hiver vient le printemps.

EXERCICE TRANSVERSAL

20 ** **a)** nord, bonhomme, flocons
b) fondre, tombe, longs, flocons, tourbillons
c) Norvège, la neige, très, fait, siège
d) très, toujours, bien

EXERCICES D'ÉCRITURE

21 * Production libre

22 ** Production libre

11 Le genre du nom

Manuel p. 66-67

Compétences : Reconnaître le genre d'un nom. Écrire un nom au masculin ou au féminin.

Autour de la notion

Cette leçon sur le genre du nom, ainsi que celle qui la suit sur le nombre du nom, sont à mener au cours de la période 3 à la suite des leçons de grammaire sur le nom et sur le déterminant.
Ainsi, avant de commencer, les élèves savent déjà que le nom est un mot qui désigne **une personne**, **un animal** ou **une chose** et qu'il se caractérise par son genre masculin ou féminin.

De la bonne reconnaissance du genre et du nombre du nom dépendent les automatismes que l'on veut créer chez l'élève, concernant **les accords dans le groupe nominal et dans la phrase.**
La difficulté réside essentiellement dans le fait de déterminer le genre d'une « chose », alors que c'est plus évident quand il s'agit d'une **personne** ou d'un **animal**.

Au cours de cette leçon, nous revenons donc sur ce qui permet de distinguer **le genre du nom,** et en particulier sur **son déterminant** qui en est un signal évident.

→ *Activité de manipulation*

Proposer une liste de noms au singulier dans un domaine familier des élèves : *éléphant, girafe, boulanger, maîtresse.* Demander si ces noms doivent être précédés des déterminants **un** ou **une / la** ou **le**.

Faire remarquer que le **l'** convient à des mots masculins et féminins *(l'éléphant, l'autruche).*

→ *Piste de différenciation ou remédiation*

Pratiquer en petits groupes l'activité de manipulation. Faire lire le « Je retiens » de la page 66 du manuel et faire **un tableau des déterminants** qui restera affiché dans la classe et qui pourra être complété au fur et à mesure.

Corrigés des activités

Découvrons et manipulons

Recherche en collectif à l'oral

1 a) Les mots *maman* et *ourson* sont des noms.
b) Le petit mot *la* est devant *maman*.
Le petit mot *un* est devant *ourson*.

2 a) Le nom *ourson* est masculin.
b) Le déterminant *un* permet de l'indiquer.
c) *un bébé*

3 a) Le mot *maman* est féminin.
b) Le déterminant *la* permet de l'indiquer.
c) *sa tanière*

Application en collectif à l'oral

4

noms masculins	noms féminins
le dinosaure un dessin un pantalon	une grenouille la chaussure une fleur la salade

5 **une** chaise – **un** facteur – **une** tomate – **un** rêve
un livre – **un** lion – **une** lionne – **un** voisin – **une** voisine

Corrigés des exercices

Je m'entraîne

Reconnaître le genre d'un nom

6 * **a.** le chanteur (M)
b. une échelle (F)
c. le joueur (M)
d. la vérité (F)
e. l'amie (F)
f. la magicienne (F)
g. un repas (M)
h. le but (M)
i. le retour (M)
j. l'invité (M)

7 ** **a.** une actrice – l'action – ~~un acteur~~ – la réaction
b. l'art – ~~une artiste~~ – un artiste – un artisan
c. une écolière – l'école – ~~un écolier~~
d. ~~l'éléphant~~ – l'otarie – l'antilope – l'autruche

8 *** invité (M) – invitée (F)
ours (M) – ourse (F)
père (M) – mère (F)
comédien (M) – comédienne (F)
écrivain (M) – écrivaine (F)

Écrire un nom au masculin ou au féminin

9 * **a.** le champion
b. une tortue
c. la ferme
d. un journal
e. la maison
f. un yaourt
g. la spectatrice
h. un téléphone
i. un boulanger
j. une boulangère

10 ** **a.** une fée
b. un nuage
c. une étoile
d. un manteau
e. une abeille
f. un livre

11 *** **a.** Je suis en tête de **la** course.
b. La foule acclame **le** vainqueur.
c. **La** lune brille dans **le** ciel.
d. Je regarde **l'**avion décoller.
e. Je range **l'**oreiller dans **l'**armoire.

12 *** **a.** un marié → une mariée
b. un Français → une Française
c. le directeur → la directrice
d. le danseur → la danseuse
e. le père → la mère

J'écris – Je m'exprime

13 * Production libre

14 ** **a.** Tous les week-ends, je vais à la piscine.
b. J'aime les fraises et le miel.

À toi de jouer

chien → chienne
cheval → jument
loup → louve
coq → poule

Dictée

J'achète le pain chez la boulangère et le lait chez l'épicier.
Théo est mon ami et Léa est l'amie de Noémie.

→ *Préparons la dictée*

Lire une première fois la dictée. Les élèves doivent rester attentifs et ne rien écrire.
Faire dire quel est le genre de tous les mots soulignés.
Selon le niveau des élèves, dicter la première ou la seconde phrase.

Différenciation

→ *Remédiation : voir Photofiche Orthographe 11R.*
→ *Entraînement : voir Photofiche Orthographe 11E.*

Évaluation

→ *voir Photofiches Orthographe Évaluation.*

12 Le pluriel du nom (*s/x*)

Manuel p. 68-69

Compétences : Reconnaître le nombre d'un nom.
Écrire un nom au singulier ou au pluriel.

Autour de la notion

Cette leçon fait travailler deux compétences particulières : **la reconnaissance** du nombre d'un nom et **l'écriture** d'un nom au singulier et au pluriel.
Chaque nom peut être **singulier** ou **pluriel** ; il est dit singulier lorsqu'il désigne **une seule** personne, un seul animal ou une seule chose. Dans ce cas, il est alors précédé d'un **déterminant au singulier** (un/une ou le/la/l').
Un nom est dit au pluriel, lorsqu'il désigne **plusieurs** personnes, animaux ou choses. Pour mettre un nom au pluriel, on ajoute le plus souvent un **s** à la fin du mot. Toutefois, on ajoute un **x** à la fin des mots qui se terminent par **eau**, **au** et **eu**.

→ *Activité de manipulation*

Donner aux élèves des textes photocopiés ou des articles de journaux. Faire souligner les noms et leurs déterminants. Faire entourer en rouge les groupes nominaux au singulier et en bleu les groupes nominaux au pluriel. Faire remarquer les marques du pluriel *(s ou x)*.

→ *Points d'attention*

La marque du pluriel avec un **s** ou un **x** n'est pas audible la plupart du temps.
De fait, ce n'est pas parce que les élèves ne connaissent pas la règle qu'ils ne l'appliquent pas.
Il faut les habituer lorsqu'ils écrivent à toujours identifier **les déterminants** qui précèdent les noms : **la** fenêtre / **les** fenêtres ou à faire attention **aux liaisons** au cours d'une dictée.
Ce type de leçon est l'occasion d'**un grand brassage de vocabulaire**. Il faut être vigilant et s'assurer que tous les mots évoqués font sens pour les élèves. Une lecture préalable de chaque exercice avant son exécution est recommandée.

→ *Pistes de différenciation ou remédiation*

Pratiquer en petit groupe l'activité de manipulation.
Faire lire à haute voix le « Je retiens » à la page 68 du manuel et faire **un tableau des déterminants** qui restera affiché dans la classe et qui pourra être complété.

Corrigés des activités

Découvrons et manipulons

Recherche en collectif à l'oral

1 a) Le déterminant *une* est placé devant le nom *fillette*.
b) Le déterminant *une* désigne une seule personne.
c) Le nom *fillette* se termine par un **e**.
d) Le nom *fillette* est au singulier.

2 a) Le nom amis désigne Tipou et Patapou.
Ils sont deux.
b) Le nom amis se termine par un s.
c) Le nom amis est au pluriel.

3 **a)** C'est leur lettre finale qui est différente.
b) *Pou* est au singulier et *poux* est au pluriel.
Le nom *poux* au pluriel prend un **x**.

Application en collectif à l'oral

4

pluriel en s	pluriel en x
des enfants des sièges des personnes des rues	des noyaux des lieux

Corrigés des exercices

Je m'entraîne

Reconnaître le nombre d'un nom

5 les parent**s** – des chaussure**s** – des botte**s** – les château**x** – les fenêtre**s** – les vacance**s**

6 **a.** le jardin (S)
b. des salades (P)
c. des poireaux (P)
d. un potiron (S)
e. un cerisier (S)
f. des cerises (P)
g. des taureaux (P)
h. des tomates (P)

7 Le **renard** (S) est passé par un **trou** (S) du **grillage** (S). Les **poules** (P) ont couru vers le **poulailler** (S). Les **chiens** (P) ont effrayé le **visiteur** (S). Il s'est enfui dans les **bois** (P).

Écrire un nom au singulier ou au pluriel

8 **a.** les couteaux – le couteau
b. des zoos – un zoo
c. des lettres – une lettre
d. les oiseaux – l'oiseau
e. des voitures – une voiture
f. des billes – une bille
g. les moteurs – le moteur
h. les vents – le vent
i. des jeux – un jeu
j. des carreaux – un carreau

9 **a.** des serviettes
b. des paniers
c. des sacs
d. des nuages
e. des claviers
f. des râteaux
g. des feux
h. des chapeaux
i. des couteaux
j. des souris

10 **a.** Liam a des cheveu**x** bruns.
b. Tu ranges les tuyau**x** d'arrosage.
c. Elles ont les joue**s** rouges.
d. Ethan et Suzie ont les mêmes gant**s**.
e. À midi, les porte**s** sont fermées.

J'écris – Je m'exprime

11 Production libre

12 Production libre

À toi de jouer

a. un trio
b. un duo
c. un solo
d. un quartet

Dictée

Un oiseau se pose sur le toit d'une maison.
Des oiseaux se posent sur les toits des maisons.

→ Préparons la dictée

Lire une première fois la dictée. Les élèves doivent rester attentifs et ne rien écrire.
Faire dire quel est le nombre de tous les mots soulignés.
Faire remarquer les marques du pluriel dans la seconde phrase (s ou x).
Indiquer que dans la seconde phrase le verbe au pluriel se termine par ent.

Différenciation

→ *Remédiation : voir Photofiche Orthographe 12R.*
→ *Entraînement : voir Photofiche Orthographe 12E.*

Évaluation

→ *voir Photofiches Orthographe Évaluation.*

13 Le pluriel du nom (*ail/aux, al/aux*)

Manuel p. 70-71

Compétences : Reconnaître le pluriel des noms qui se terminent par *al/ail*. Écrire au pluriel les noms qui se terminent par *al/ail*.

Autour de la notion

Cette seconde leçon sur le pluriel du nom concerne des pluriels particuliers qui, contrairement à la plupart des autres pluriels, se font entendre.
Les élèves oublient souvent le s à la fin des mots au pluriel parce qu'il est muet. Cette difficulté n'existe pas pour ces pluriels particuliers. Cependant, la difficulté réside dans le fait qu'il existe des exceptions, que les élèves découvriront au cours de cette leçon (un chacal/des chacals – un rail / des rails).

→ *Activités de manipulation*

Les exercices 3, 4 et 5 du manuel sont à renouveler avec d'autres noms donnés au singulier ou au pluriel.

→ *Points d'attention*

Beaucoup de mots utilisés dans cette leçon sont sans doute inconnus (au singulier comme au pluriel) par les élèves de CE1 : un festival – un étal – le capital – un idéal – du corail – l'émail – un chacal – un narval – un marsupial – un soupirail – un régal.
Il faut donc être vigilant et s'assurer que tous les mots évoqués font sens pour les élèves.
Une lecture préalable de chaque exercice avant son exécution est recommandée.

→ *Piste de différenciation ou remédiation*

Pratiquer en petit groupe les activités de manipulation.
Travailler sur des mots fréquents, forcément connus des élèves : un cheval/des chevaux – un animal/des animaux – un journal/des journaux – un travail/des travaux

Corrigés des activités

Découvrons et manipulons

Recherche en collectif à l'oral

1 **a)** Le déterminant un est placé devant le nom cheval.
b) Il désigne un seul animal.
c) Le nom *cheval* se termine par -al.
d) Ce nom est au singulier.

2 **a)** Il désigne plusieurs animaux.
b) Ce nom se termine par -aux.
c) Ce nom est au pluriel.

Application en collectif à l'oral

3 les chevaux – les animaux – les bocaux – les métaux – les festivals

4 un hôpital – le canal – le journal – le capital– un idéal

5 des travaux – des épouvantails – des détails – les coraux – les émaux – les carnavals – des chacals – des vitraux – des rails

Corrigés des exercices

Je m'entraîne

Reconnaître le pluriel des noms en al/ail

6 * un journal – un animal – un étal – un régal – un mal

7 * des canaux – des travaux – des hôpitaux – des vitraux

8 ** **a.** narval (S)
b. métaux (P)
c. marsupiaux (P)
d. carnavals (P)
e. chandail (S)
f. locaux (P)

Écrire au pluriel les noms en al/ail

9 * **a.** un journal : des journaux
b. un festival : des festivals
c. un général : des généraux
d. un hôpital : des hôpitaux
e. un bocal : des bocaux
f. un bal : des bals

10 ** **a.** un vitrail : les vitraux
b. un rail : les rails
c. un travail : des travaux
d. un éventail : des éventails
e. le corail : des coraux
f. un détail : des détails
g. un soupirail : des soupiraux

11 **a.** les canaux : le canal
b. les signaux : le signal
c. les totaux : le total
d. les maux : le mal

12 **a.** Quand les travaux seront terminés, la maison sera comme neuve.
b. Nous avons entendu des chacals.
c. J'ai lu cet article dans les journaux.
d. Les narvals nagent en groupes.
e. Cette peinture contient de nombreux détails.

J'écris – Je m'exprime

13 **a.** Production libre

À toi de jouer

un canal	un portail	un carnaval
un signal	un bocal	un travail
un bal	un régal	un vitrail

Dictée

Les travaux de rénovation ont commencé ! Bientôt, la cathédrale aura de nouveaux vitraux.

→ Préparons la dictée

Lire une première fois la dictée. Les élèves doivent rester attentifs et ne rien écrire.
Faire remarquer les changements d'intonation qui permettent d'identifier les types de phrases et d'écrire les points qui conviennent.

Différenciation

→ Remédiation : voir Photofiche Orthographe 13R.
→ Entraînement : voir Photofiche Orthographe 13E.

Évaluation

→ voir Photofiches Orthographe Évaluation.

14 Le genre de l'adjectif

Manuel p. 72-73

Compétences : Reconnaître le nombre de l'adjectif. Accorder un adjectif au singulier ou au pluriel.

Autour de la notion

Cette leçon sur le genre de l'adjectif, ainsi que celle qui la suit sur le nombre de l'adjectif, sont à mener au cours de la période 4 à la suite de la leçon de grammaire sur l'adjectif. Ainsi, avant de débuter les élèves savent qu'un adjectif est un mot qui donne des **informations sur le nom qu'il accompagne**, qu'il **s'accorde en genre et en nombre** avec celui-ci et qu'il se reconnaît car **il peut être supprimé**.
Comme nous l'avons fait constater à propos du nom, **la lettre e** est généralement utilisée pour construire son féminin : un ami / une amie. Il en va de même pour la construction du féminin des adjectifs : un petit crapaud vert → une petite grenouille verte
Cependant, nous verrons au cours de cette leçon qu'il existe d'autres terminaisons pour l'adjectif féminin.

→ Activités de manipulation

Proposer une liste de groupes nominaux (déterminant + nom + adjectif) et faire dire quel est le genre du nom et de son déterminant, en déduire celui de l'adjectif.
Proposer une liste d'adjectifs masculins à mettre au féminin. Faire remarquer que la lettre **e** est généralement utilisée pour construire le féminin de ces adjectifs.

→ Points d'attention

La marque e du féminin des adjectifs n'est pas toujours audible. C'est ce qui pose généralement problème aux élèves qui oublient de faire l'accord. Il est nécessaire de porter l'attention sur **le groupe nominal**, **le déterminant** et **le nom** sur lequel **l'adjectif** porte.
Ce type de leçon est l'occasion d'**un grand brassage de vocabulaire**. Il faut être vigilant et s'assurer que tous les mots évoqués font sens pour les élèves. Une lecture préalable de chaque exercice avant son exécution par les élèves est recommandée.

→ Piste de différenciation ou remédiation

Pratiquer en petits groupes les activités de manipulation.

Corrigés des activités

Découvrons et manipulons

Recherche en collectif à l'oral

1 **a)** Les adjectifs *grand* et *petit* donnent des informations sur le nom *garçon*.

b) Le nom *garçon* est masculin car il est précédé de *un*.

c) Les adjectifs *grand* et *petit* sont donc au masculin .2

2 **a)** Les adjectifs *grande* et *petite* donnent des informations sur le nom *fille*.

b) Le nom *fille* est féminin car il est précédé de *une*.

c) Les adjectifs *grande* et *petite* se terminent par un **e**.

Application en collectif à l'oral

3

adjectifs masculins	adjectifs féminins
lourd petit rond court poli	grosse longue légère blanche sèche

4 une eau chaude – un été chaud
une jolie écharpe – un joli visage

Corrigés des exercices

Je m'entraîne

Reconnaître un adjectif au masculin ou au féminin

5 * une salade verte – une ville déserte – une lionne affamée – une patte blanche – l'otarie joyeuse

6 ** **a.** la **vieille** dame : F
b. ce savant **fou** : M
c. une **douce** musique : F
d. une montre **neuve** : F
e. un robot **intelligent** : M

Accorder un adjectif au masculin ou au féminin

7 * **a.** un clou rouillé
b. une fille blonde
c. un menu complet
d. une boisson gazeuse

8 * **a.** un jour **ensoleillé**
b. un papillon **bleu**
c. un **joli** dessin
d. un homme **élégant**

9 ** **a.** une fumée **grise**
b. une eau **claire**
c. une **forte** explosion
d. une entrée **froide**

10 *** **a.** une **belle** maison
b. une voiture **neuve**
c. une brise **légère**
d. une chienne **affectueuse**
e. une femme **solitaire**

J'écris – Je m'exprime

11 * **a.** C'est un garçon honteux. / C'est une fille honteuse.
b. C'est un garçon ambitieux. / C'est une fille ambitieuse.
c. C'est un garçon rieur. / C'est une fille rieuse.

12 ** Production libre

À toi de jouer

Ma bouée géante (mat – b' – houx – haie – g – an – t' – œufs)
L'adjectif est au féminin.

Dictée

Pablo habite dans une jolie maison neuve. Il a une grande chambre. Il a un nouveau voisin et une nouvelle adresse.

→ *Préparons la dictée*

Lire une première fois la dictée. Les élèves doivent rester attentifs et ne rien écrire.
Rappeler les règles énoncées dans le « Je retiens » de la leçon.
Expliquer les mots de vocabulaire méconnus.
Faire repérer les groupes nominaux et donner le genre des adjectifs.

Différenciation

→ Remédiation : voir Photofiche Orthographe 14R.
→ Entraînement : voir Photofiche Orthographe 14E.

Évaluation

→ voir Photofiches Orthographe Évaluation.

15 Le pluriel de l'adjectif

Manuel p. 74-75

Compétences : Reconnaître le nombre de l'adjectif. Accorder un adjectif au singulier ou au pluriel.

Autour de la notion

Un **adjectif** peut être au **singulier** ou au **pluriel**. C'est le nom sur lequel il donne une information qui l'indique. On dit que l'adjectif s'accorde avec le nom.
Ainsi pour mettre un adjectif au pluriel, on ajoute le plus souvent un **s** à la fin ou un **x** pour les adjectifs terminés par **eau**, **au** ou **eu**.

→ *Activités de manipulation*

Proposer une liste de groupes nominaux et dire quel est le nombre du nom et de son déterminant, puis en déduire celui de l'adjectif.
Proposer une liste d'adjectifs au singulier à mettre au pluriel.
Faire remarquer que la lettre **s** est généralement utilisée pour construire le pluriel de ces adjectifs.

→ *Points d'attention*

La marque du pluriel avec un **s** ou un **x** n'est pas audible la plupart du temps. De fait, ce n'est pas parce que les élèves ne connaissent pas la règle qu'ils ne l'appliquent pas.
Il faut les habituer lorsqu'ils écrivent à toujours identifier **le groupe nominal** : le déterminant et le nom indiquent le genre et le nombre de l'adjectif. Il est également recommandé de faire attention **aux liaisons** au cours d'une dictée**.**
Ce type de leçon est l'occasion d'**un grand brassage de vocabulaire**. Il faut être vigilant et s'assurer que tous les mots évoqués font sens pour les élèves. Une lecture préalable de chaque exercice avant son exécution par les élèves est recommandée.

→ *Piste de différenciation ou remédiation*

Pratiquer en petits groupes les activités de manipulation.

Corrigés des activités

Découvrons et manipulons

Recherche en collectif à l'oral

1 **a)** L'adjectif *gigantesque* donne des informations sur le nom *dragon*.
L'adjectif *griffue* donne des informations sur le nom *patte*.
b) Le nom *dragon* est au singulier car il est précédé du déterminant *un*.
Le nom *patte* est au singulier car il est précédé du déterminant *une*.
c) Les adjectifs *gigantesque* et *griffue* sont au singulier car ils s'accordent avec des noms au singulier.

2 **a)** Les adjectifs *petits* et *perçants* donnent des informations sur le nom *yeux*.
b) Le nom *yeux* est au pluriel car il est précédé d'un déterminant au pluriel *des*.
c) Les adjectifs *petits* et *perçants* se terminent par la lettre s qui est la marque du pluriel.

3 L'adjectif *vertes* accompagne le nom *écailles*.
L'adjectif *menaçants* accompagne le nom *crocs*.

Application en collectif à l'oral

4 les fruits mûrs – des repas joyeux
L'adjectif *mûrs* accompagne le nom *fruits*.
L'adjectif *joyeux* accompagne le nom *repas*.

5

adjectifs au singulier	adjectifs au pluriel
neuf sensible long étroit agile	fragiles douces nouveaux gentils vilaines adroits

Corrigés des exercices

Je m'entraîne

Reconnaître un adjectif au singulier ou au pluriel

6 * des **hautes** montagnes (P) – un **tissu** doux (S) – le **jeune** loup (S) – ces **belles** maisons (P) – des **petits** chiots (P) – un fruit **abîmé** (S) – des voiles **blanches** (P)

7 ** **a.** La **petite** (S) fille écoute l'histoire.
b. Tu fabriques de **jolis** (P) bouquets.
c. Nous portons des habits **colorés** (P).
d. C'est une enfant **heureuse** (S).
e. Elles vivent de **magnifiques** (P) aventures.

8 *** gras – merveilleux – épais – creux – faux

Écrire un adjectif au singulier ou au pluriel

9 * **a.** des fruits sucré**s**
b. des travaux terminé**s**
c. de beau**x** yeux
d. des voitures rapide**s**
e. des nuages sombre**s**

10 ** **a.** des loups **affamés**
b. des **beaux** garçons
c. une poule **peureuse**
d. des pommes **empoisonnées**
e. des jeux **amusants**

11 ** **a.** un ancien château → des **anciens** châteaux
b. un homme riche → des hommes **riches**
c. une piscine publique → des piscines **publiques**
d. un livre abîmé → des livres **abîmés**
e. une eau polluée → des eaux **polluées**

12 *** **a.** mon **meilleur** ami
b. des magasins **fermés**
c. des mots **précis**
d. tes **nouvelles** chaussures

J'écris – Je m'exprime

13 * Production libre

14 ** Production libre

À toi de jouer

v	o	l	é	m	n
p	s	c	h	a	o
r	é	c	i	h	u
e	a	c	e	t	v
s	i	m	p	l	e
s	m	u	v	c	a
é	o	r	z	i	u
s	b	e	a	u	x

Dictée

Des enfants joyeux traversent les allées désertes du parc ensoleillé.

→ Préparons la dictée

Lire une première fois la dictée. Les élèves doivent rester attentifs et ne rien écrire.
Expliquer les mots de vocabulaire méconnus.
Rappeler les règles énoncées dans le « Je retiens » de la leçon.
Faire repérer les groupes nominaux et donner le nombre des noms et des adjectifs.

Différenciation

→ *Remédiation : voir Photofiche Orthographe 15R.*
→ *Entraînement : voir Photofiche Orthographe 15E.*

Évaluation

→ *voir Photofiches Orthographe Évaluation.*

16 La lettre muette en fin de mot

Manuel p. 76-77

Compétences : Reconnaître et écrire une lettre muette à la fin d'un nom ou d'un adjectif.

Autour de la notion

Nous avons déjà rencontré au cours des leçons précédentes des mots qui se terminent par **une lettre muette**. En particulier, des **mots invariables** (*avant, dans, après, etc.*) dont l'orthographe ne change jamais, et que par conséquent nous avons conseillé de **faire apprendre par cœur**.
Les élèves sont cependant plus embarrassés en situation d'écriture quand il s'agit d'écrire la lettre muette qui termine **un nom** (*un drap, le toit*) ou **un adjectif** (*petit, grand*).
C'est pourquoi ce point fait l'objet d'une leçon.
En effet, nous y donnons deux manières de procéder qui permettront de les aider à savoir chercher **un mot de la même famille** ou **mettre un mot au féminin**.
Pour certains noms, il convient de vérifier dans le dictionnaire.

→ *Activités de manipulation*
Proposer des séries des mots de la même famille et faire constater que ces mots ont une partie identique.
Proposer des mots qui se terminent par une lettre muette et faire trouver des mots de la même famille.
Demander le masculin de mots donnés au féminin et faire dire par quelle lettre ils se terminent.

→ *Points d'attention*
Ce type de leçon est l'occasion d'**un grand brassage de vocabulaire**. Il faut être vigilant et s'assurer que tous les mots évoqués font sens pour les élèves. Une lecture préalable de chaque exercice avant son exécution par les élèves est recommandée.

→ *Piste de différenciation ou remédiation*
Pratiquer en petits groupes les activités de manipulation.

Corrigés des activités

Découvrons ensemble

Recherche en collectif à l'oral

1 **a)** Le nom *enfant* se termine par un **t**.
b) Non, on n'entend pas la dernière lettre du nom *enfant* quand on dit ce nom à voix haute.
c) *Enfantin* est un mot de la même famille. Dans ce mot on entend le **t** dans la syllabe **tin**.

2 **a)** Le mot *petit* se termine par un **t**. Le mot *gros* se termine par un **s**.
b) On n'entend pas la dernière lettre de ces deux adjectifs quand on les dit à voix haute.
c) et **d)** Le féminin de *gros* est *grosse*. Le féminin de *petit* est *petite*. La lettre muette au masculin donne un indice sur le féminin.

Application en collectif à l'oral

3 le toit (une toiture) – un drap (un drapeau) – un abricot (un abricotier) – un rang (une rangée) – un accord (accorder) – un mont (une montagne) – un quart (un quartier)

4 grande → grand – courte → court – discrète → discret – distraite → distrait – froide → froid – franche → franc – chaude → chaud – blanche → blanc

Corrigés des exercices

Je m'entraîne

Reconnaître une lettre muette en fin de mot

5 * un tapis – le riz – une dent – un haricot

6 ** **a.** la nuit – le chat – le toit
b. son lit – grand
c. le client – cet achat
d. anglais – content
e. ton concert – court

Écrire une lettre muette sans erreur

7 * **a.** regarder → un regar**d**
b. galoper → un galo**p**
c. sportif → un spor**t**
d. climatique → le clima**t**
e. la biscuiterie → un biscui**t**

8 * **a.** une forteresse → for**t**
b. la discrétion → discre**t**
c. la laideur → lai**d**
d. l'épaisseur → épai**s**
e. longuement → lon**g**

9 a. lourd
b. droit
c. ouvert
d. plat
e. sourd
f. bavard

10 a. un **marchand** de fruits
b. un **bruit** effrayant
c. la trompe de l'**éléphant**
d. le **renard** malin
e. un brillant **candidat**

J'écris – Je m'exprime

11 un lit – un robot – un soldat – un drap – un tapis – un fort

12 un point → des pointillés
un refus → refuser
tard → tarder

À toi de jouer

un têtar**d**
un vél**o**
un ouistit**i**
du san**g**
un gan**t**
une souri**s**
Dans ta main tu caches tes **doigts**.

Dictée

Un petit canard blanc court au bord de l'étang.
Le climat a changé, il n'a jamais fait aussi chaud.

→ ***Préparons la dictée***

Lire une première fois la dictée. Les élèves doivent rester attentifs et ne rien écrire.
Expliquer les mots de vocabulaire méconnus. Rappeler les règles énoncées dans le « Je retiens » de la leçon.

Différenciation

→*Remédiation : voir Photofiche Orthographe 16R.*
→*Entraînement : voir Photofiche Orthographe 16E.*

Évaluation

→*voir Photofiches Orthographe Évaluation.*

17 L'accord dans le groupe nominal

Manuel p. 78-79

Compétences : Reconnaître le genre et le nombre d'un groupe nominal. Faire les accords dans le groupe nominal.

Autour de la notion

Cette leçon sur **l'accord dans le groupe nominal** reprend toutes les observations faites au cours des leçons sur **le genre et le nombre des noms et des adjectifs** présentées dans les périodes 3 et 4.
Reconnaître le genre et le nombre d'un groupe nominal et pratiquer les différents accords qui s'imposent restent les deux objectifs principaux de cette leçon.
Dans un groupe nominal, le **déterminant**, le **nom** et l'**adjectif** s'accordent en genre et en nombre.
Le déterminant indique le genre et le nombre du nom qui le suit. L'adjectif s'accorde avec le nom qu'il accompagne.

→ ***Activités de manipulation***

Proposer une liste de groupes nominaux de genres et de nombres différents dans des domaines familiers des élèves : animaux, métiers, objets, etc. Faire reconnaître **le genre et le nombre** de chaque groupe en s'appuyant sur des indices particuliers : **le déterminant** ou **le nom**.
Proposer des groupes nominaux au **masculin singulier** à transformer au **masculin pluriel** puis au **féminin singulier** puis au **féminin pluriel**.

→ ***Points d'attention***

Ce type de leçon est l'occasion d'**un grand brassage de vocabulaire**. Il faut être vigilant et s'assurer que tous les mots évoqués font sens pour les élèves. Une lecture préalable de chaque exercice avant son exécution par les élèves est recommandée.

→ ***Piste de différenciation ou remédiation***

Pratiquer en petits groupes les activités de manipulation.

Corrigés des activités

Découvrons et manipulons

Recherche en collectif à l'oral

1 **a)** Le mot *son* est un déterminant et le mot *grimoire* est un nom.
b) Le groupe nominal *son grimoire* est au masculin singulier.
c) Le pluriel de ce groupe nominal est : *ses grimoires.*

2 **a)** Le mot *les* est un déterminant et le mot *enfants* est un nom.
b) Le groupe nominal *les enfants* est au masculin pluriel.
c) Le singulier de ce groupe nominal est : *un enfant* ou *une enfant.*

3 **a)** Le mot *des* est un déterminant, le mot *crocodiles* est un nom et le mot *gluants* est un adjectif.
b) Le déterminant *des* et le nom *crocodiles* sont au masculin pluriel.
c) L'adjectif *gluants* s'accorde avec le nom qu'il accompagne (*crocodiles*) et son déterminant (*des*), il est donc également au masculin pluriel.
d) *Un crocodile gluant* est le singulier du GN *des crocodiles gluants.*

Application en collectif à l'oral

4 • **des** serpents – **une** dent – **un** sentier
• **un** escargot – **des** bulles – **une** voiture
• **un** hibou – **une** chouette – **des** oiseaux

5 • une patte **velue**
• des loups **féroces**
• un grand **loup**
• un enfant **câlin**

Corrigés des exercices

Je m'entraîne

Reconnaître le genre et le nombre d'un GN

6 * **a.** une horrible sorcière (féminin)
b. un merveilleux voyage (masculin)
c. le château hanté (masculin)
d. une amie sincère (féminin)

7 * **a.** des vieilles casseroles (pluriel)
b. une route droite (singulier)
c. les magnifiques tableaux (pluriel)
d. la baguette magique (singulier)

8 *** **a.** une tigresse affamée (F ; S)
b. un matin calme (M ; S)
c. des histoires amusantes (F ; P)
d. des travaux terminés (M ; P)

Faire des accords dans le GN

9 * **a.** des papillons bleu**s**
b. une gare bruyant**e**
c. un cri puissan**t**
d. des lumières éclatant**es**
e. des mains habile**s**

10 ** **a.** des arrêts brusques
b. des lampes éteintes
c. des châteaux vides
d. les portes ouvertes
e. des regards malicieux

11 *** **a.** des danseurs talentueux
b. des écoliers ponctuels
c. des chiens égarés
d. les vieux chats

J'écris – Je m'exprime

12 * **a.** un reptile venimeux
b. des oiseaux migrateurs
c. des primates agités
d. un fauve dangereux

13 ** Production libre

À toi de jouer

Elle a reçu un robot intelligent en cadeau.

Dictée

Des spectateurs agités attendent l'arrivée des coureurs épuisés.

→ *Préparons la dictée*

Lire une première fois la dictée. Les élèves doivent rester attentifs et ne rien écrire.
Expliquer les mots de vocabulaire méconnus.
Rappeler les règles énoncées dans le « Je retiens » de la leçon.

Différenciation

→*Remédiation : voir Photofiche Orthographe 17R.*

→*Entraînement : voir Photofiche Orthographe 17E.*

Évaluation

→*voir Photofiches Orthographe Évaluation.*

18 L'accord du verbe avec son sujet

Manuel p. 80-81

Compétences : Identifier le sujet et accorder le verbe avec son sujet.

Autour de la notion

Avant de débuter la leçon, il est indispensable de s'assurer que les élèves maîtrisent le rôle du sujet dans la phrase, celui du verbe et celui des pronoms sujets. La conjugaison du verbe et le présent des verbes en **er** sont également des notions qu'il est primordial de bien connaître.
Dans cette leçon, nous travaillons spécifiquement sur **l'accord du verbe avec son sujet** qui peut être **un groupe nominal** ou **un pronom, au singulier ou au pluriel**.

→ *Activités de manipulation*

Proposer des phrases et montrer que le sujet du verbe peut être un groupe nominal ou un pronom personnel. Proposer des textes variés et faire **entourer les pronoms personnels**.

Proposer des phrases avec **des verbes en er au présent**. Faire observer qu'à la troisième personne du singulier le verbe se termine par un **e** et qu'à la troisième personne du pluriel il se termine par **ent**.

→ *Point d'attention*

Il faut tenir compte que la connaissance des **pronoms personnels** est encore fragile en CE1 ainsi que celle des **terminaisons des verbes en er au présent**.

→ *Piste de différenciation ou remédiation*

Pratiquer en petits groupes les activités de manipulation.

Corrigés des activités

Découvrons et manipulons

Recherche en collectif à l'oral

1 a) Le GN *la marmotte* est le sujet du verbe *crier*.
b) Le GN *la marmotte* est au singulier.
c) Le verbe *crier* s'écrit avec un **e** à la troisième personne du singulier.
d) On peut en conclure que le verbe s'accorde avec son sujet.

2 a) Le pronom personnel *elles* est le sujet du verbe *rentrer.*
b) Le pronom personnel *elles* est au pluriel.
c) Le verbe *rentrer* se termine par **ent**.
d) Le verbe *rentrer* s'accorde avec son sujet au pluriel *elles*.

3 **Elles** y dorment **/** *Elles* est **un pronom sujet**.
un aigle approche / *un aigle* est **un groupe nominal**.

Application en collectif à l'oral

4
- **Nous** allons à la plage.
- **Je** chante cette chanson.
- **Ma sœur** est déguisée.
- **Les ours** sont dans leur tanière.

5
- Nous dansons.
- Elles jouent.
- Il parle.
- Tu racontes.
- Vous observez.

Corrigés des exercices

Je m'entraîne

Identifier le sujet du verbe

6 * **a.** Elle saute → 2
b. Il saute → 3
c. Ils sautent → 1

7 * **a.** La marmotte **habite** dans les Alpes.
b. L'aigle **vole** au-dessus de la montagne.
c. Nous **observons** les animaux.
d. Les marmottes **dorment** dans un terrier.
e. Elles **sont** blotties les unes contre les autres.

8 ** **a.** Les clients (P) patientent devant la caisse.
b. Des couples (P) dansent la valse.
c. La classe (S) visite un musée.
d. Ces éléphants (P) sont superbes.
e. Mon frère (S) a un cheveu sur la langue.

9 ** **a.** Nous (P) regardons un film.
b. Elles (P) savent bien cuisiner.
c. Je (S) recommence mon tour de magie.
d. Tu (S) arrives en retard.
e. Il (S) salue le public.

Accorder le verbe avec son sujet

10 * **a.** Les voyageurs arriv**ent** ce matin.
b. Mon voisin chant**e** faux.
c. Le serpent siffl**e** dans son panier.
d. Les girafes mang**ent** les feuilles des arbres.

11 *** **a. Les moniteurs** surveill**ent** les nageurs.
b. Les voitures roul**ent** très vite.
c. Les étoiles brill**ent** dans le ciel.

J'écris – Je m'exprime

12 * Production libre

13 ** Production libre

À toi de jouer

Les acrobates marchent sur un fil.
Le dompteur dresse les fauves.
Le mime fait des gestes.
Les clowns amusent le public.

Dictée

Le vent souffle fort et les bateaux rentrent rapidement au port. Les pêcheurs débarquent les poissons et ils nettoient le pont.

→ Préparons la dictée

Lire une première fois la dictée. Les élèves doivent rester attentifs et ne rien écrire. Rappeler les règles énoncées dans le « Je retiens » de la leçon.

Différenciation

→ *Remédiation : voir Photofiche Orthographe 18R.*
→ *Entraînement : voir Photofiche Orthographe 18E.*

Évaluation

→ *voir Photofiches Orthographe Évaluation.*

Je réinvestis mes connaissances

Manuel p. 82-83

Les 16 premiers exercices proposés reprennent chacune des notions étudiées au cours de ce module.
Les 2 derniers exercices transversaux et d'écriture proposés brassent les notions étudiées.

Exercices	Compétences traitées
Exercice 1	Reconnaître le genre d'un nom. Écrire un nom au masculin ou au féminin.
Exercice 2	Reconnaître le genre d'un nom. Écrire un nom au masculin ou au féminin.
Exercice 3	Reconnaître le pluriel d'un nom (*s/x*). Écrire un nom au singulier ou au pluriel.
Exercice 4	Reconnaître le pluriel d'un nom (*s/x*). Écrire un nom au singulier ou au pluriel.
Exercice 5	Reconnaître le pluriel d'un nom (*s/x*). Écrire un nom au singulier ou au pluriel.
Exercice 6	Reconnaître le pluriel d'un nom (*ail/aux, al/aux*). Écrire un nom au singulier ou au pluriel.
Exercice 7	Reconnaître le genre d'un adjectif. Accorder un adjectif au masculin ou au féminin.
Exercice 8	Reconnaître le genre d'un adjectif. Accorder un adjectif au masculin ou au féminin.
Exercice 9	Reconnaître le pluriel de l'adjectif. Accorder un adjectif au singulier ou au pluriel.
Exercice 10	Reconnaître le pluriel de l'adjectif. Accorder un adjectif au singulier ou au pluriel.
Exercice 11	Reconnaître et écrire une lettre muette à la fin d'un nom ou d'un adjectif.
Exercice 12	Reconnaître et écrire une lettre muette à la fin d'un nom ou d'un adjectif.
Exercice 13	Faire les accords dans le groupe nominal.
Exercice 14	Faire les accords dans le groupe nominal.
Exercice 15	Faire les accords entre le verbe et son sujet.
Exercice 16	Faire les accords entre le verbe et son sujet.
Exercices transversaux	
Exercice 17	Reconnaître le genre et le nombre d'un groupe nominal. Faire les accords dans le groupe nominal. Reconnaître et écrire une lettre muette à la fin d'un adjectif.
Exercice 18	Les exercices d'écriture utilisent les compétences précédemment travaillées.

Le genre du nom

1 ✱

noms masculins	noms féminins
aviateur saut voyageur écrivain ~~course~~	guenon lectrice ~~comédien~~ aquarelle nageuse

2 ✱✱ **a.** le/un requin
b. la/une truite
c. le/un thon
d. la/une sardine
e. le/un saumon
f. le/un piranhas

Le pluriel du nom (s/x)

3 ✱ Je suis allée faire des **courses** (S) avec mon papa. Nous avons pris du **pain** (S), des **légumes** (P), du **riz** (S), des **gâteaux** (P), un **navet** (S) et un **poulet** (S).

4 ✱✱ **a.** des affiches
b. les trains
c. ces berceaux
d. mes vélos
e. des souvenirs
f. des rideaux
g. les grillages
h. ces avenues
i. les jeux
j. les avions

5 ✱✱ **a.** Le **chat** court après les souris.
b. Les **phares** de la voiture éclairent la **route**.
c. Ces **clowns** amusent les **spectateurs.**
d. J'ai quelques **jeux** et des **livres**.
e. Tu as dix **ans** et tu peux participer à ce **concours**.

Le pluriel du nom (ail/ aux, al/aux)

6 ✱✱ **a.** Le **cheval** remporte la course.
b. Les **journaux** racontent l'actualité du jour.
c. La fleur est un **végétal**.
d. Le train ne peut avancer que sur des **rails**.

Le genre de l'adjectif

7 ✱ **a.** un **méchant** monsieur
b. un homme **bavard**
c. un costume **élégant**
d. un plat **salé**

8 ✱✱ **a.** la **dernière** partie
b. une chanson **douce**
c. une artiste **créative**
d. une personne **heureuse**
e. une histoire **ancienne**

Le pluriel de l'adjectif

9 * **a.** Léo a une **nouvelle** bicyclette.
b. Nous parcourons les rues **désertes** du village.
c. Les chats **apeurés** s'enfuient.
d. Il porte un casque **blanc**.
e. Le cycliste a des genouillères **solides**.

10 ** **a.** de belle**s** aventures
b. des grande**s** vacances
c. des client**s** mécontents
d. de vieille**s** chaussures
e. de nouveau**x** jouets

La lettre muette en fin de mot

11 * le ta[s] – le cam[p] – le gan[t] – le bu[t] – le retar[d] – le galo[p] – un placar[d]

12 ** **a.** lon**g**
b. len**t**
c. hau**t**
d. amusan**t**
e. creu**x**
f. parfai**t**
g. fran**c**
h. chau**d**

L'accord dans le groupe nominal

13 * **a.** un marron glacé (M ; S)
b. des grandes oreilles pointues (F ; S)
c. un travail difficile (M ; S)
d. une artiste connue (F ; S)
e. un tapis épais (M ; P)

14 ** **a.** La violoniste **épuisée** pose son instrument.
b. À la fin de la journée, les ouvriers **épuisés** quittent le chantier.
c. Les danseuses **épuisées** sortent de scène.
d. Le coureur **épuisé** franchit la ligne d'arrivée.

L'accord du verbe avec son sujet

15 * **a. Les éléphants** lèvent leur trompe.
b. Le facteur distribue le courrier.
c. Les singes montent dans l'arbre.
d. L'aigle survole la montagne.
e. Les automobiles s'arrêtent au feu rouge.

16 ** **a.** Au fond du navire, les pirates se partag**ent** le trésor.
b. Elles **sont** contentes de se retrouver.
c. Les policiers pourchass**ent** les voleurs.
d. Laure et Léa jou**ent** toujours ensemble.
e. Les nuages dissimul**ent** le ciel.

EXERCICE TRANSVERSAL

17 *** **a)** le ciel (M ; S), des montagnes (F ; P), les volcans (M ; P), de grandes fleurs colorées (F ; P)
b) des grands arbres (M ; P), des séquoias géants (M ; P), des fougères hautes (F ; P)
c) grand – géant – haut

EXERCICE D'ÉCRITURE

18 * un ciel nuageux – un garçon intrépide – des pierres glissantes – des truites argentées
Production libre

19 Les homophones *a / à*

Manuel p. 84-85

Compétences : Identifier et écrire sans erreur les homophones a / à.

Autour de la notion

Les homophones sont des mots qui se **prononcent de la même manière**, mais qui n'ont ni le même sens, ni la même orthographe.
Nous travaillons dans cette leçon sur deux homophones qui se différencient grâce à leur **utilisation grammaticale** : *à* (préposition) et *a* (présent du verbe *avoir*).
Il est indispensable que les élèves aient étudié **l'imparfait du verbe *avoir*** avant de commencer cette leçon.
Pour rappel, le mot *a* sans accent est le verbe *avoir* conjugué au présent à la 3e personne du singulier.
Il peut être remplacé par *avait* (verbe *avoir* à l'imparfait, à la 3e personne du singulier).
Le mot *à*, avec un accent grave, est un mot invariable.

→ *Activité de manipulation*
Exercer les élèves qui ont des difficultés à distinguer les différents homophones *a* et *à*, à pratiquer les substitutions (a/ avait) au cours de lectures ou de phrases dictées.

→ *Points d'attention*
Cette leçon pose plus de difficultés aux élèves à l'écrit qu'à l'oral. Il faut les exercer à la vigilance et à s'interroger sur le sens que prend la phrase si on fait une erreur.

→ *Piste de différenciation ou remédiation*
Pratiquer en petits groupes l'activité de manipulation.

Corrigés des activités

Découvrons ensemble

Recherche en collectif à l'oral

1 b) Ces deux mots se prononcent de la même manière.
c) Ce qui différencie ces deux mots c'est l'accent grave sur le second.

2 a) « Il y avait trois autres Zoé dans ma classe. »
On constate que le mot *a* sans accent est remplacé par *avait*.
b) Le mot *a* est un verbe.
c) Le mot *a* est le verbe *avoir* au présent à la 3e personne du singulier.

3 a) « Ma meilleure amie, Mimi, habitait pile à côté de chez moi. ». Ce n'est pas un verbe, c'est une préposition.
b) « Ma meilleure amie, Mimi, habite pile **avait** côté de chez moi. »
La phrase n'a plus de sens.

Application en collectif à l'oral

4 Elle avait un cartable neuf. (Cette phrase utilise le verbe *avoir.*)
C'était un blouson à fermeture éclair. (Cette phrase n'utilise pas le verbe *avoir.*)
Il allait encore à la maternelle. (Cette phrase n'utilise pas le verbe *avoir.*)
Je venais à midi. (Cette phrase n'utilise pas le verbe *avoir.*)
Cette maison était à vendre. (Cette phrase n'utilise pas le verbe *avoir.*)
Elle avait un nouveau livre. (Cette phrase utilise le verbe *avoir.*)

Corrigés des exercices

Je m'entraîne

Identifier les homophones a / à

5 * **a.** Zoé [a] une amie [à] côté de chez elle.
b. Il y [a] quatre Zoé [à] ne pas confondre.
c. Il y [a] un reportage [à] la télévision.
d. Il [a] une revanche [à] prendre.
e. [À] son retour, elle [a] une surprise.

6 ** **a.** Lili [a] besoin de calme.
b. Il [a] toujours soif.
c. Elle [a] du courage.
d. Le chat [a] un bol de lait.
e. Ce médecin [a] un ordinateur.

7

phrases avec le verbe avoir	phrases avec le mot invariable
a. Mon frère a dix ans. **c.** Il y a une place pour toi. **e.** Elle a faim.	**b.** Ma montre est à l'heure. **d.** Il habite à Lyon.

Écrire les homophones a / à

8 **a.** Rien ne sert de courir, il faut partir **à** point.
b. La cloche sonne douze coups **à** midi.
c. Mon frère s'entraîne **à** la boxe.
d. C'est **à** ton tour de jouer.
e. Il pleut **à** Strasbourg.
f. Je verse de l'eau dans une tasse **à** café.

9 **a.** Je me suis inscrit au tir **à** l'arc.
b. Il **a** une nouvelle paire de chaussures.
c. Il vient **à** ma rencontre.
d. Paul **a** une machine **à** bulles.

10 **a.** Je suis **à** la bibliothèque.
b. Alexandre **a** (avait) un nouveau jouet.
c. Il n'est pas **à** l'heure.
d. Il **a** (avait) une préférence pour le sucré.

J'écris – Je m'exprime

11 **a.** Le Lillois habite **à Lille**.
b. Le Bordelais habite **à Bordeaux**.
c. Le Marseillais habite **à Marseille**.

12 Production libre

À toi de jouer

Le cycliste se déplace à vélo.
Le motard se déplace à moto.
Le cavalier se déplace à cheval.

Dictée

Le clown porte un chapeau à plumes.
Il a une veste à carreaux et un pantalon à rayures.
Il a l'air triste sous son maquillage.

→ Préparons la dictée

Lire une première fois la dictée. Les élèves doivent rester attentifs et ne rien écrire.
Rappeler les règles énoncées dans le « Je retiens » de la leçon.

Différenciation

→ *Remédiation : voir Photofiche Orthographe 19R.*
→ *Entraînement : voir Photofiche Orthographe 19E.*

Évaluation

→ *voir Photofiches Orthographe Évaluation.*

20 Les homophones *est / et*

Manuel p. 86-87

Compétences : Identifier et écrire sans erreur les homophones *est / et*.

Autour de la notion

Les homophones sont des mots qui **se prononcent de la même manière**, mais qui n'ont ni le même sens, ni la même orthographe.
Nous travaillons dans cette leçon sur des homophones qui se différencient grâce à leur **utilisation grammaticale** : *et* (conjonction) et *est* (présent du verbe *être*).
Il est indispensable que les élèves aient étudié **l'imparfait du verbe être** avant de commencer cette leçon.
Pour rappel, le mot *est* est le verbe *être*, conjugué au présent à la 3e personne du singulier.
Il peut être remplacé par *était* (verbe *être* à l'imparfait, à la 3e personne du singulier). Le mot *et* est un mot invariable.
Remarque : *et* peut aussi se remplacer par *puis*.

→ Activité de manipulation

Exercer les élèves qui peinent à distinguer les différents homophones, à pratiquer les substitutions (est/était) (et/puis) au cours de lectures ou de phrases dictées.

→ Piste de différenciation ou remédiation

Pratiquer en petits groupes l'activité de manipulation.

Corrigés des activités

Découvrons ensemble

Recherche en collectif à l'oral

1 **b) est** et **et** sont des **homophones** : des mots qui se prononcent de la même manière.

c) C'est deux mots ne s'écrivent pas de la même manière. La lettre **s** est entre le **e** et le **t** dans le mot *est*.

2 **a)** « L'hiver était de plus en plus doux. »
Le mot *est* se transforme en *était*.

b) Le mot *est* est un verbe.

c) Le mot *est* est le verbe *être* au présent à la troisième personne du singulier.

3 **a)** « Il semblait démarrer plus tôt et finir plus tard. »
Le mot *et* ne change pas.

b) « Il semble démarrer plus tôt était finir plus tard. »
La phrase n'a plus de sens.

Application en collectif à l'oral

4 Le ciel **était** sombre (verbe *être* à l'imparfait à la troisième personne du singulier).
Les glaciers **et** les plages étaient pollués (le mot *et* est un mot invariable).
Il **était** encore temps d'agir (verbe *être* à l'imparfait à la troisième personne du singulier).
La pollution menaçait les hommes **et** la nature (le mot *et* est un mot invariable).
La banquise **était** en péril (verbe *être* à l'imparfait à la troisième personne du singulier).
La faune **et** la flore étaient fragiles (le mot *et* est un mot invariable).

Corrigés des exercices

Je m'entraîne

Identifier les homophones est / et

5 * **a.** Cet hiver [est] long [et] froid.
b. Le chat [est] un félin [et] la panthère aussi.
c. Le climat [est] perturbé [et] nous devons agir.
d. L'eau [est] montée [et] grignote la terre.

6 ** **a.** Son histoire **est** amusante.
b. Cette danseuse **est** la plus gracieuse.
c. Sa voiture **est** en panne.
d. Le prince **est** beau mais cruel.
e. Ce conte **est** merveilleux.

7 ***

phrases avec le verbe être	phrases avec le mot invariable
Son rêve **est** fantastique.	Toi **et** moi, nous allons au cirque. Elle a une voix douce **et** gentille. Roméo **et** Juliette vivaient en Italie.

Écrire les homophones est / et

8 * **a.** Je mets mon écharpe **et** mon bonnet.
b. Ce chien agité **et** joyeux me saute dessus.
c. Je cours **et** je saute dans les flaques.
d. Je range les assiettes **et** les couverts.
e. Le lapin **et** le hérisson sont sous la pluie.

9 ** **a.** Le lion dort **et** la lionne chasse.
b. Il **est** en vacances.
c. Papa **et** Maman rentrent du travail.
d. Ce perroquet **est** jaune **et** bleu.

10 *** **a.** La pomme **est** (était) au pied de l'arbre.
b. Il mange **et** il boit très vite.
c. Le cerf **est** (était) le mâle de la biche.
d. Ce vieil homme **est** (était) un sage.

J'écris – Je m'exprime

11 * Production libre

12 ** Production libre

À toi de jouer

Elle est devant la télé. (aile – haie – 2 – vent – la – thé – lait)

Dictée

Mon petit frère est né et je suis très contente.
Il est dodu et n'a pas de cheveux.
Son lit est dans ma chambre et il ne pleure pas la nuit.

→ Préparons la dictée

Lire une première fois la dictée. Les élèves doivent rester attentifs et ne rien écrire.
Rappeler les règles énoncées dans le « Je retiens » de la leçon.

Différenciation

→ Remédiation : voir Photofiche Orthographe 20R.
→ Entraînement : voir Photofiche Orthographe 20E.

Évaluation

→ voir Photofiches Orthographe Évaluation.

Je réinvestis mes connaissances

Manuel p. 88-90

Les 15 premiers exercices proposés reprennent chacune des notions étudiées au cours de ce module.
Les 7 derniers exercices transversaux et d'écriture proposés brassent les notions étudiées.

Exercices	Compétences traitées
Exercice 1	Identifier et écrire sans erreur les homophones *a / à*.
Exercice 2	Identifier et écrire sans erreur les homophones *a / à*.
Exercice 3	Identifier et écrire sans erreur les homophones *a / à*.
Exercice 4	Identifier et écrire sans erreur les homophones *a / à*.
Exercice 5	Identifier et écrire sans erreur les homophones *a / à*.
Exercice 6	Identifier et écrire sans erreur les homophones *a / à*.
Exercice 7	Identifier et écrire sans erreur les homophones *a / à*.
Exercice 8	Identifier et écrire sans erreur les homophones *est / et*.
Exercice 9	Identifier et écrire sans erreur les homophones *est / et*.
Exercice 10	Identifier et écrire sans erreur les homophones *est / et*.
Exercice 11	Identifier et écrire sans erreur les homophones *est / et*.
Exercice 12	Identifier et écrire sans erreur les homophones *est / et*.
Exercice 13	Identifier et écrire sans erreur les homophones *est / et*.
Exercice 14	Identifier et écrire sans erreur les homophones *est / et*.
Exercice 15	Identifier et écrire sans erreur les homophones *est / et*.
Exercices transversaux	
Exercice 16	Identifier et écrire sans erreur les homophones *a / à*. Identifier et écrire sans erreur les homophones *est / et*.
Exercice 17	Identifier et écrire sans erreur les homophones *a / à*. Identifier et écrire sans erreur les homophones *est / et*.
Exercice 18	Identifier et écrire sans erreur les homophones *a / à*. Identifier et écrire sans erreur les homophones *est / et*.
Exercice 19	Identifier le sujet et accorder le verbe avec son sujet. Identifier et écrire sans erreur les homophones *a / à*. Identifier et écrire sans erreur les homophones *est / et*.
Exercice 20	Les exercices d'écriture utilisent les compétences précédemment travaillées.
Exercice 21	Les exercices d'écriture utilisent les compétences précédemment travaillées.
Exercice 22	Les exercices d'écriture utilisent les compétences précédemment travaillées.

Les homophones a / à

1 **a.** Hector a fini son travail et il part à la bibliothèque.
b. Il a déjà joué, c'est à ton tour.
c. Mon oncle a un bel appartement à deux cents* mètres de la mer.
d. Le chien a très soif, il faut lui donner à boire.
e. À cette époque, il y a encore de la neige sur les sommets.

2 **a.** Il n'y [a] (avait) pas de bus [à] cette heure-ci.
b. Je l'ai vu [à] la télévision et il [a] (avait) beaucoup changé.
c. Mon copain Jules [a] (avait) un vélo [à] trois roues.
d. On lui [a] (avait) volé sa voiture et il est rentré [à] pied.
e. Cette promenade [à] cheval [a] (avait) duré longtemps.

3 **a.** Inès a pris son vélo pour aller à la mairie.
b. Mon frère ne va plus à l'école maternelle car il a six ans.
c. Il a encore trois cartes postales à écrire.
d. À la fin du match, il a pris une douche.
e. Il a pris du retard ; il est arrivé à midi.

4 **a.** Il y avait [a] du monde [à] la piscine cet après-midi.
b. Léo avait [a] encore des exercices [à] finir.
c. Cette voiture avait [a] un moteur [à] essence.
d. En fin de journée, il n'y avait [a] plus de pain [à] la boulangerie.
e. Il avait [a] raconté cette histoire [à] sa manière.

5 **a.** Il tarde **à** venir.
b. Charlie **a** un confident.
c. Tu dois téléphoner **à** tes parents.
d. Je n'ai plus rien à boire ni **à** manger.
e. Le feu est **à** proximité.

6

phrases avec le verbe avoir	phrases avec le mot invariable
a. Le train a dix minutes de retard. **c.** Le canard a deux pattes. **f.** Il a des rêves plein la tête.	**b.** C'est un bateau à moteur. **d.** Elle achète un goûter* à la boulangerie. **e.** Il me reste un ami à prévenir. **g.** Papa prend le fer à repasser. **h.** Tu fais attention à la marche.

7 **a.** J'aurai plein de cadeaux **à** mon anniversaire.
b. Il est venu **à** ma rencontre.
c. Elle **a** encore faim.
d. Il **a** plein de bonnes notes !
e. Ce livre est **à** moi.

Les homophones est / et

8 **a.** Il est venu me voir et il m'a apporté des livres.
b. Il y a des rires et des éclats de voix quand il est à la maison.
c. Une voiture est garée sur le trottoir et on ne peut plus passer.
d. Ma serviette est dans mon sac et mon bonnet de bain aussi.
e. Le spectacle est fini et tout le monde se lève.

9 **a.** Mon frère [est] (**était**) brun [et] ma sœur également.
b. Le métro [est] (**était**) en grève [et] le bus aussi.
c. Mon ami Gabriel [est] (**était**) en Espagne [et] ne donne pas de nouvelles.
d. La Terre [est] (**était**) ronde comme une orange [et] un melon.
e. Le plombier [est] (**était**) venu déboucher le lavabo [et] la baignoire.

10 **a.** Antoine est très fort aux échecs et il gagne tous les tournois.
b. Il y a du vent et il pleut : il est impossible de sortir.
c. Ce manteau est le mien et celui-là le tien.
d. Le loup est dans la forêt et tout le monde a peur.
e. Ce film de Laurel et Hardy est très vieux.

11 **a.** Le drapeau [est] de toutes les couleurs.
b. La louve [est] affamée.
c. Le gardien [est] dans l'allée du bois.
d. Elle [est] inquiète d'être sans nouvelles.
e. L'arbitre [est] sur le terrain.

12 **a.** Le bal **est** très joyeux.
b. Solène **et** Jordan prennent le bus.
c. Julie **et** Sam arrivent ce soir.
d. J'irai à Paris **et** à Bordeaux.
e. Quelle **est** la question ?

13 **a.** Le clown tombe **et** se relève.
b. Le ciel est bleu **et** ensoleillé.
c. La Terre est ronde **et** tourne sur elle-même.
d. La mésange chante **et** vole très haut.
e. La taupe est myope **et** peureuse.

14 **a.** Trois plus sept font dix.
b. Il se lève ensuite il s'habille.
c. Il se promenait en forêt, mais l'ogre est arrivé.
d. Il était très célèbre pourtant on ne parle plus de lui.
e. Il a de la fièvre alors il reste au lit.

15 **a.**Cascadeur **est** un métier dangereux.
b. J'ai acheté un journal **et** des bonbons.
c. Le poussin **est** le petit de la poule.
d. Le patinage **et** la danse sont mes sports préférés.
e. L'ogre **est** le personnage le plus cruel de l'histoire.

EXERCICES TRANSVERSAUX

16 * **a.** Le pirate **est** sur une île déserte.
b. Les enfants **sont** dans la cour.
c. Paul et Victor **ont** les cheveux mouillés.
d. Le singe **a** un fruit dans la main.
e. Elles **ont** des boucles noires.

17 ** **a.** La France **est** un pays européen.
b. J'ai passé mes vacances **à** Paris.
c. J'ai acheté du pain, du lait **et** un journal.
d. Mon frère **a** un cartable neuf.
e. Le spectacle **est** terminé.

18 *** **a.**Cette artiste **est** talentueuse, elle **a** beaucoup de succès.
b. Son père **est** parti **à** Londres ce matin.
c. Il **a** une casquette rouge **et** un maillot jaune.
d. Le facteur **est** là **et** j'ai reçu une lettre.
e. Il commence **à** parler **et** je me tais.

19 *** **a)** *Elle* est le sujet du verbe *jouer*.
Joue est à la troisième personne du singulier du présent.
b) Elles jou [ent].
c. À (mot invariable) ; a (verbe conjugué) ; est (verbe conjugué) ; et (mot invariable).

EXERCICES D'ÉCRITURE

20 * Production libre

21 ** Production libre

22 *** Production libre

1 Le verbe et son infinitif

Manuel p. 92-93

Compétences : Identifier les verbes à l'infinitif. Donner l'infinitif d'un verbe.

Autour de la notion

Un verbe peut être conjugué ou à l'infinitif. Au CE1, il convient de commencer par l'observation de ce mot dont le sens ne change pas mais dont **la forme varie** selon les situations dans lesquelles on le rencontre. Les élèves devront ensuite faire le lien avec **l'infinitif** qui, lui, est **invariable**.
Le tri d'un grand nombre de verbes à l'infinitif permet de dégager un classement selon leur **terminaison**.
Les verbes se terminant par **-er** constituent le groupe le plus nombreux. Les autres, en particulier les verbes irréguliers, sont moins nombreux mais ils sont en revanche utilisés très fréquemment.

→ Points d'attention

Il est important que les élèves associent un verbe conjugué à sa forme infinitive, car c'est ainsi qu'ils pourront trouver le verbe dans le **dictionnaire**.

→ Pistes de différenciation ou remédiation

Pour trouver l'infinitif d'un verbe, on peut compléter la phrase « *Il est en train de* ... ».
On peut également utiliser des débuts de phrase comme « *Il peut* ... » ou « *Il va* ... ».

Corrigés des activités

Découvrons et manipulons

Recherche en collectif à l'oral

1 a) Les Inuits sont en train de **construire** un abri temporaire.
b) Nous **construisons** un abri temporaire.
c) C'est le verbe *construire* qui change.
d) Les autres verbes conjugués sont *découpent* et *créent*.

2 a) Les deux mots en bleu ont plusieurs lettres en commun : C-O-N-S-T-R-U-I. Ils ont le même sens.
b) La fin de ces mots est différente : construi**sent** – construi**re**
c) Il s'agit de *construire*.

Application en collectif à l'oral

3 • Nous rêvons de voir ce film.
• Nous allons guérir vite !
• Nous espérons gagner la course.
• Nous avons envie de chanter.
On remarque que le verbe à l'infinitif ne change pas en même temps que la personne, contrairement au verbe conjugué.

4

verbes conjugués	verbes à l'infinitif
jardine – va – fais – présentons – faisons	penser – poser – aller – avoir – dire

Corrigés des exercices

Je m'entraîne

Identifier les verbes à l'infinitif

5 * courir – jeter – comprendre – regarder – venir – aller – montrer

6 * reven[ir] – apport[er] – ren[dre] – secour[ir] – mont[er] – connaît[re] – entour[er] – déménag[er] – appren[dre] – dessin[er] – sal[ir] – fai[re] – obé[ir] – écri[re]

7 ** **a.** Elle sait **jouer** de la trompette.
b. Nous voulons **dormir** chez toi.
c. Ils aiment **patiner** sur la glace.
d. Vous penserez à **répondre** à ce message.
e. Tu peux **recommencer** la partie.

Donner l'infinitif d'un verbe

8 * pensent → penser
bavardais → bavarder
embrassons → embrasser
décoraient → décorer
faites → faire

9 ** nous collons : **coller** – tu creusais : **creuser** – vous chantez : **chanter** – ils trouvent : **trouver** – je découperai : **découper** – vous êtes : **être** – tu changes : **changer** – ils imaginaient : **imaginer** – elle imitera : **imiter** – vous sauvez : **sauver** – j'attache : **attacher** – je fais : **faire** – nous allons : **aller** – ils sifflent : **siffler** – nous disons : **dire** – elle avait : **avoir**

10 a. Cet ogre **dévorait** son repas. → **dévorer**
b. Il **tombe** dans la neige. → **tomber**
c. Nous **grimpons** en haut de l'arbre. → **grimper**
d. Elles **frissonnent** de froid. → **frissonner**
e. Vous **gommez** votre dessin. → **gommer**

11 a. L'astronaute voyage dans l'espace. → **voyager**
b. Nous sommes en vacances. → **être**
c. Tu as des taches de rousseur. → **avoir**
d. Elles disent des bêtises. → **dire**
e. Je monte dans le train. → **monter**

J'écris – Je m'exprime

12 Production libre

13 a. sauter
b. chanter
c. cuisiner

À toi de jouer

A	L	L	E	R	P
V	O	L	E	R	O
O	A	U	T	S	S
I	U	T	R	E	E
R	R	O	E	R	R

Dictée

Les enfants aiment chanter. Ils chantent une berceuse. Vous allez partir au Japon. Vous partez en avion.

→ ***Préparons la dictée***

Lire une première fois la dictée. Les élèves doivent rester attentifs et ne rien écrire.

Différenciation

→ *Remédiation : voir Photofiche Le Verbe 1R.*
→ *Entraînement : voir Photofiche Le Verbe 1E.*

Évaluation

→ *voir Photofiches Le Verbe Évaluation.*

2 Le verbe conjugué

Manuel p. 94-95

Compétences : Identifier le radical et la terminaison d'un verbe conjugué. Identifier un verbe conjugué.

Autour de la notion

Lors de cette leçon, les élèves découvrent que le verbe est composé d'un radical et d'une **terminaison**. Ils doivent bien connaître ces mots et les notions qu'ils recouvrent.
Le radical est la partie du verbe qui reste inchangée lorsque le verbe est conjugué. C'est en partant de l'infinitif et en enlevant -er, -ir, -re, -oir... que l'on peut le trouver. Pour les **verbes irréguliers**, le radical change. Il faudra alors les apprendre par cœur.
À la fin d'un verbe conjugué, la terminaison change selon **le temps** et **la personne** employés.

→ ***Activité de manipulation***

On peut faire différents classements avec la même série de verbes : selon les terminaisons, selon le radical, selon les personnes etc.

→ ***Points d'attention***

Dans cette leçon il s'agit surtout de **repérage** du radical et des terminaisons par observation et comparaison. La mémorisation des terminaisons se fera dans les leçons suivantes.

→ ***Piste de différenciation ou remédiation***

Donner le verbe à l'infinitif pour commencer et faire encadrer ou surligner le radical. Une fois ce radical bien identifié, demander de le retrouver dans une série de verbes conjugués.

Corrigés des activités

Découvrons et manipulons

Recherche en collectif à l'oral

1 **a)** Ce sont des verbes.
b) La terminaison est la même : **-e**.
c) Nous éprouvons – nous suons : la terminaison change : **-e** devient **-ons**.

2 **a)** la terminaison est **-ent**.
b) Vous tremblez : la terminaison change : **-ent** devient **-ez**.

Application en collectif à l'oral

3 **a)** Les différences ne s'entendent pas.
b) À l'écrit, on observe des différences de graphie.
c) Les parties qui ne changent pas sont : *mang*, *fai* et *dis*. Il s'agit des radicaux.

4 je raconte – nous parl**ons** – vous jou**ez**

Corrigés des exercices

Je m'entraîne

Identifier le radical et la terminaison

5 * **a.** tu [termin]es – vous [termin]ez – ils [termin]aient
b. je [form]ais – je [form]e – je [form]erai
c. nous [frissonn]ons – elles [frissonn]aient – tu [frissonn]es
d. vous [coup]iez – tu [coup]es – il [coup]era
e. elle [parl]ait – je [parl]e – nous [parl]erons

6 ** **a.** tu dessin[es] – vous dessin[ez] – elles dessin[ent]
b. je gliss[ais] – tu gliss[es] – nous gliss[ons]
c. vous lav[ez] – il lav[e] – tu lav[ais]
d. il invent[ait] – vous invent[iez] – tu invent[es]
e. Il vol[e] – ils vol[ent] – elles vol[aient]

7 *** ils gagn/ent – je détach /ais – vous rassur/ez – il inform/ait – elles brill/ent – je pens/e – tu rêv/ais – nous imagin/ions – elle sépar/e

Identifier un verbe conjugué

8 * **a.** Nous récitons la leçon.
b. Elles gonflent des ballons.
c. Il écoute de la musique.
d. Vous rentrez à la maison.
e. Je suis dans le jardin.

9 ** **a.** Tu manges des mangues.
b. Nous regardons les ballons s'envoler.
c. Les serpents rampent lentement.
d. Je dessine une bassine.
e. Vous admirez le nez du clown.

10 *** **a.** Lucas pêche dans l'étang.
b. Lucas pose une pêche sur la table.
c. Alicia chante dans une chorale.
d. Alicia répète ce chant par cœur.
e. Le chanteur fait une répétition.

J'écris – Je m'exprime

11 * Production libre

12 ** Production libre

À toi de jouer

dorm**ais** → jou**ais**
réveill**ez** → tromp**ez**
gagn**eras** → attrap**eras**
trembl**e** → gratt**e**
murmur**ent** → occup**ent**
Le verbe qui se retrouve seul est *racontons*.

Dictée

L'orage gronde. Nous regardons les éclairs. Le chat a peur. Il se cache sous le lit.

→ Préparons la dictée

Lire une première fois la dictée. Les élèves doivent rester attentifs et ne rien écrire.

Différenciation

→ *Remédiation : voir Photofiche Le Verbe 2R.*

→ *Entraînement : voir Photofiche Le Verbe 2E.*

Évaluation

→ *voir Photofiches Le Verbe Évaluation.*

3 Passé, présent, futur

Compétence : Situer une action dans le temps.

Autour de la notion

Dans une phrase, l'action peut se situer dans le **passé**, le **présent** ou le **futur**.
Pour bien comprendre les textes et savoir si l'action décrite a eu lieu ou non, les élèves peuvent s'appuyer sur le **temps des verbes**. En général, leur connaissance de la langue, à l'oral, les aident à situer les actions.
L'utilisation d'**indicateurs temporels** est une aide supplémentaire pour retrouver le temps des phrases. Quand les phrases n'en ont pas, les élèves peuvent en ajouter à l'oral.

→ *Activité de manipulation*

Faire chercher des indicateurs temporels, puis les situer sur une flèche du temps indiquant le passé, le présent et le futur. Mais on peut aussi chercher à situer l'un par rapport à l'autre grâce à des indicateurs temporels tels que *la semaine dernière* et *l'an passé* ou *demain*.

→ *Points d'attention*

Le mot *aujourd'hui* dans une phrase n'implique pas forcément l'usage du présent. L'action a pu se passer un peu plus tôt dans la journée ou est prévue pour la fin de journée. Cet indicateur est donc à manipuler avec précaution.

→ *Pistes de différenciation ou remédiation*

Utiliser une flèche du temps et situer les phrases ou les verbes sur cette flèche.
Proposer, selon le niveau, des phrases avec ou sans indicateurs temporels. Demander ensuite de situer les phrases dans le temps.

Corrigés des activités

Découvrons et manipulons

Recherche en collectif à l'oral

1 Les verbes conjugués sont : *est* ; *seront* ; *existait*.

2 **a)** Le verbe indiquant l'action qui se passe en ce moment est le verbe *est*.
b) L'expression *en train de* aide à comprendre que l'action se fait en ce moment.

3 **a)** Le verbe indiquant une action qui aura lieu plus tard est le verbe *seront*.
b) L'expression *à ton époque* aide à comprendre que l'action est déjà passée.

4 **a)** Le verbe indiquant une action qui a déjà eu lieu est le verbe *existait*.
b) L'expression *bientôt* aide à comprendre que l'action a déjà eu lieu.

Application en collectif à l'oral

5
- **Hier**, nous sommes allés au cinéma.
- **En ce moment**, elle prépare une tarte.
- **Hier**, elle se déguisait pour le carnaval.
- **Demain**, tu liras le journal.
- **En ce moment**, le tonnerre gronde.
- **Demain**, nous aurons la visite de ta sœur.
- **Hier**, vous étiez à l'école.

Corrigés des exercices

Je m'entraîne

Situer une action dans le temps

6 * **a.** Avant, les enfants jouaient à d'autres jeux. → passé
b. Tu mangeras ton goûter plus tard. → futur
c. Vous cuisinez en ce moment. → présent
d. Nous sommes en train de discuter. → présent
e. Demain, tu viendras à la maison. → futur

7 *

Passé	Présent	Futur
b. La semaine dernière, la cane a pondu des œufs. **e.** L'année dernière, ils prenaient le métro.	**a.** Cette année, ma sœur apprend à conduire. **d.** Aujourd'hui, il a mal à la gorge.	**c.** Dans deux mois, il fêtera son anniversaire.

8 **a.** Elle a fini son livre.
c. Vous avez vu des kangourous.
d. Ils ont ramassé des marrons.

9 **b.** Je repeins ma chambre.
c. Clémence et Lassana chantent dans la chorale.

10 **a.** Les vitrines s'illumineront.
c. Tu inventeras une machine volante.

11 **a.** Enzo **cache** sa dent de lait sous son oreiller.
b. L'hiver dernier, mon chien **cachait** ses os dans le jardin.
c. Demain, Maman **cachera** les cadeaux de Noël.

J'écris – Je m'exprime

12 **a.** Hier, nous **admirions** cette cascade.
b. Maintenant, ils **écrivent** une longue lettre.
c. Demain, tu **réciteras** une nouvelle poésie.

13 Production libre

À toi de jouer

Il était une fois (île – haie – thé – une – fou – oie)

Dictée

Hier, Théo avait mal au ventre. Aujourd'hui, il voit le médecin. Demain, il retournera à l'école.

→ Préparons la dictée

Lire une première fois la dictée. Les élèves doivent rester attentifs et ne rien écrire.

Différenciation

→ Remédiation : voir Photofiche Le Verbe 3R.
→ Entraînement : voir Photofiche Le Verbe 3E.

Évaluation

→ voir Photofiches Le Verbe Évaluation.

Je réinvestis mes connaissances

Manuel p. 98-99

Les 15 premiers exercices proposés reprennent chacune des notions étudiées au cours de ce module.
Les 4 derniers exercices transversaux et d'écriture proposés brassent les notions étudiées.

Exercices	Compétences traitées
Exercice 1	Identifier les verbes à l'infinitif.
Exercice 2	Identifier les verbes à l'infinitif.
Exercice 3	Identifier les verbes à l'infinitif.
Exercice 4	Donner l'infinitif d'un verbe.
Exercice 5	Donner l'infinitif d'un verbe.
Exercice 6	Identifier le radical et la terminaison d'un verbe conjugué.
Exercice 7	Identifier un verbe conjugué.
Exercice 8	Identifier le radical et la terminaison d'un verbe conjugué.
Exercice 9	Identifier le radical et la terminaison d'un verbe conjugué.
Exercice 10	Situer une action dans le temps.
Exercice 11	Situer une action dans le temps.
Exercice 12	Situer une action dans le temps.
Exercice 13	Situer une action dans le temps.
Exercice 14	Situer une action dans le temps.
Exercice 15	Situer une action dans le temps.
Exercices transversaux	
Exercice 16	Identifier les verbes à l'infinitif. Identifier un verbe conjugué.
Exercice 17	Identifier les verbes à l'infinitif. Identifier un verbe conjugué. Situer une action dans le temps.
Exercice 18	Situer une action dans le temps.
Exercice 19	Situer une action dans le temps.

Le verbe et son infinitif

1 *

verbes conjugués	verbes à l'infinitif
posons – vient – faites – protège – avez – décorent	réciter – attraper – aller – être – prendre

2 ** dépasser – devenir – écouter – faire – dire – assurer – secourir

3 **

-er	-ir	-dre	-oir
rester pousser naviguer présenter	venir bondir sentir	apprendre comprendre vendre	recevoir pouvoir vouloir

4 ** galopent → galoper
respectes → respecter
aidons → aider
ont → avoir
autorisez → autoriser
sommes → être

5 *** **a.** Nous dormons profondément. → dormir
b. Cédric cache ses jouets son sous lit. → cacher
c. Les enfants cuisinent avec leur papa. → cuisiner
d. Nous voyageons dans toute l'Europe. → voyager
e. Mes cousines vont au parc d'attractions. → aller

Le verbe conjugué

6 ** **a.** tu aid[es] – tu aid[ais] – tu aid[eras]
b. nous rentr[ons] – nous rentr[ions] – nous rentr[erons]
c. il attrap[era] – il attrap[ait] – il attrap[e]
d. ils partag[eaient] – ils partag[ent] – ils partag[eront]
e. je discut[e] – je discut[erai] – je discut[ais]

7 ** **a.** Nous testons le bouton de cette machine.
b. Sa corne pointue pique son adversaire.
c. Mes cousins viennent à Vienne avec nous.
d. Tu dis des bêtises !
e. Je suis sous le parapluie.

8 ** murmur**ent** – occup**ent**
attrap**eras** – chut**eras**
élev**ons** – murmur**ons**
discut**e** – chass**e**
invit**ez** – détermin**ez**

9 *** **a.** nous sautons – nous tirons – ~~des bonbons~~ – nous imaginons
b. je cachais – j'allumais – ~~la lumière~~ – j'illuminais
c. elles collent – elles montrent – ~~la montre~~ – elles tombent
d. elle joue – ~~la joue~~ – ils jardinent – il bouge
e. vous sifflez – ~~un sifflet~~ – vous gagnez – vous roulez

Passé, présent, futur

10 **a.** Avant, le zèbre galopait dans la plaine. → passé
b. Émilie brossera son cheval plus tard. → futur
c. Le cheval mange du foin en ce moment. → présent
d. Carlos changera les draps de son lit demain. → futur
e. Mon chien est en train de manger. → présent

11 **a.** Tu déjeuneras chez tes amis.
c. Elle épluchera les poires.

12

passé	présent	futur
b. Je promenais mon chien tous les jours.	**c.** Elle dort encore. **d.** Vous choisissez un livre.	**a.** Il fera beau. **e.** Nous prendrons l'avion.

13 **a. Demain**, tu viendras avec moi.
b. En ce moment, elle regarde un dessin animé.
c. Hier, la voiture était en panne.
d. En ce moment, Victor court après le bus.
e. Demain, nous inviterons tes amis.

14 **a.** • **Autrefois**, il dessinait à l'aquarelle.
• **Aujourd'hui**, nous jouons aux échecs.
• **Bientôt**, nos amis arriveront.
b. • **Demain**, vous répéterez votre spectacle.
• **En ce moment**, elle apprend sa leçon.
• **Hier**, tu es allé au cinéma.

15 **a.** • Avant, elle **fermait** son casier avec un cadenas.
• Demain, il **fermera** les volets de la maison.
• Le magasin **ferme** maintenant.
b. • Elle **porte** une robe pour la photo de classe.
• Hier, il **portait** des lunettes de soleil.
• L'année prochaine, Maya **portera** son cartable toute seule.

EXERCICES TRANSVERSAUX

16 **a.** Je <u>mange</u> équilibré pour *être* en bonne santé.
b. Je <u>prépare</u> ma valise pour *partir* en voyage.
c. J'<u>écoute</u> en silence pour ne pas *déranger* mes camarades.
d. Je <u>suis</u> en train de *dormir*.
e. J'<u>aime</u> *chanter* sous ma douche.
N.B. : Les verbes conjugués sont soulignés et les verbes à l'infinitif sont en italique.

17 **a)** regardons – sont – portait – jouait – garderai
b) regarder – être – porter – jouer – garder
c) Maman portait une robe à fleurs.
Papa jouait de la guitare.

EXERCICES D'ÉCRITURE

18 Production libre

19 Production libre

4 Le présent des verbes du 1er groupe (-*er*)

Manuel p. 100-101

Compétences : Identifier et connaître les terminaisons des verbes du 1er groupe (-*er*) au présent de l'indicatif.

Autour de la notion

Le présent s'utilise :
– pour indiquer qu'une action a lieu **au moment où l'on parle** ;
– pour indiquer quelque chose **qui est toujours vrai** ;
– pour indiquer **une habitude**.

Il est un des temps les plus utilisés. De plus, les verbes du 1er groupe sont les plus nombreux dans la langue française. Il est donc important que les élèves maîtrisent bien cette conjugaison.

→ Points d'attention

Malgré l'importance de ce temps, il ne faut pas négliger les autres temps ou les autres verbes. L'apprentissage se fera aussi par comparaison avec les autres conjugaisons. En revanche, il est intéressant de consolider cette compétence en dictant, par exemple, tous les jours, une courte phrase au présent.
Insister sur l'apprentissage par cœur des terminaisons.

→ Pistes de différenciation ou remédiation

Conjuguer, selon le niveau, en faisant ajouter la terminaison des verbes dans des phrases.
Quand le sujet est un groupe nominal, faire écrire le pronom de conjugaison correspondant dessous.
S'aider de la leçon avec les terminaisons, tant que le mécanisme de la conjugaison pose des difficultés.

Corrigés des activités

Découvrons et manipulons

Recherche en collectif à l'oral

1 **a)** L'infinitif du verbe est *arracher*.
b) Le sujet est le pronom *j'*.
c) La terminaison est -e.
d) Le verbe est conjugué au présent.

2 **a)** Les infinitifs sont *donner* et *habiter*.
b) Les sujets de ces verbes sont : *maman* et *mon parrain*.
c) La terminaison est -e.
d) Ces verbes sont conjugués au présent.

3 **a)** et **b)** Les terminaisons des trois verbes en couleur sont les mêmes.

Application en collectif à l'oral

4 je porte – il monte
nous passons – nous dansons
ils restent – elles nagent
vous défilez – vous restez
Les verbes sont associés selon leurs terminaisons.

Corrigés des exercices

Je m'entraîne

Identifier les terminaisons des verbes du 1er groupe (-er) au présent

5 * je danse – ils grondent – nous arrêtons – tu bavardes – elles rangent – il montre – vous démarrez – elle commence – tu siffles

6 * elle éternu/e – vous ramass/ez – elles pouss/ent – je décor/e – nous tourn/ons – ils sèm/ent – tu pli/es – je visit/e – il coup/e – vous travers/ez

7 * **a.** Ils dansent. → dessin 2
b. Il danse. → dessin 4
c. Elle mange. → dessin 1
d. Elles mangent. → dessin 3

8 ** **a. Nous** saluons cet ami.
b. Je laisse mon manteau.
c. Tu regardes un livre.
d. Vous chuchotez dans la bibliothèque.
e. Ils réparent les jouets cassés.
f. Il enfile son pull.

Conjuguer les verbes du 1er groupe (-er) au présent

9 * **a.** tu montr**es**
b. nous gagn**ons**
c. il tomb**e**
d. elles parl**ent**
e. j'écout**e**
f. elle mélang**e**
g. nous voyage**ons**
h. vous racont**ez**

10 ** **a.** Les renards **cherchent** de la nourriture.
b. Le traîneau **glisse** sur la neige.
c. Tu **entres** dans la tente.
d. Les poulains **galopent** dans le pré.

J'écris – Je m'exprime

11 ** Je fouille le grenier. → Nous fouillons
Vous abandonnez la partie. → Ils abandonnent
Nous allumons un feu. → Tu allumes

12 ** Production libre

À toi de jouer

Ronchonner (rond – chaud – nez)

Dictée

Vous écoutez une histoire. Puis Cécile referme le livre.
Tu ranges le livre sur l'étagère.

→ *Préparons la dictée*
Lire une première fois la dictée.
Les élèves doivent rester attentifs et ne rien écrire.

Différenciation

→ *Remédiation : voir Photofiche Le Verbe 4R.*
→ *Entraînement : voir Photofiche Le Verbe 4E.*

Évaluation

→ *voir Photofiches Le Verbe Évaluation.*

5 Le présent des verbes *être* et *avoir*

Manuel p. 102-103

Compétences : Identifier et connaître les formes des verbes *être* et *avoir* au présent de l'indicatif.

Autour de la notion

Les verbes *être* et *avoir* sont des verbes très fréquents. Ils sont aussi utilisés comme **auxiliaires** dans le passé composé. Ils ont des conjugaisons particulières puisque leur **terminaison** et leur **radical** changent.

→ ***Points d'attention***

Attirer l'attention des irrégularités de ces verbes et faire apprendre par cœur leur conjugaison.

Noter que la forme *vous êtes* peut être rapprochée de *vous faites* et *vous dites*.

Corrigés des activités

Découvrons et manipulons

Recherche en collectif à l'oral

1 a) L'infinitif des verbes en rouge est *avoir*.

b) Ils sont conjugués au présent.

c) Les sujets sont respectivement les pronoms *ils* et *tu*.

2 a) L'infinitif des verbes en bleu est *être*.

b) Ils sont conjugués au présent.

c) Les sujets sont respectivement *leurs yeux* et *le monde*.

Application en collectif à l'oral

3

avoir	être
nous avons – elle a – elles ont – tu as – j'ai – vous avez	il est – ils sont – je suis – tu es – nous sommes – vous êtes

4 • tu as – nous avons – ~~tu es~~ – j'ai – ils ont

• vous êtes – nous sommes – ~~tu as~~ – ils sont

• je suis – ~~elle a~~ – tu es – vous êtes – il est

Corrigés des exercices

Je m'entraîne

Identifier les formes des verbes être et avoir au présent

5 * **a.** [Les champions] <u>sont</u> sur le podium.

b. <u>Êtes</u>-[vous] prêts pour le départ ?

c. Après la course, [tu] <u>es</u> tout rouge.

d. [Tes jambes] <u>sont</u> lourdes.

e. [Nous] <u>sommes</u> les meilleurs !

6 * **a.** [Les élèves] <u>ont</u> des tablettes numériques.

b. [Nous] <u>avons</u> très faim.

c. Maintenant, [j']<u>ai</u> un cours de piano.

d. [Tom] <u>a</u> des jolies baskets.

e. [Tu] <u>as</u> mon livre dans ton sac.

7 ** **a. Il** a l'air content.

b. Ils sont heureux.

c. Tu es à la montagne.

d. J'ai un rhume.

e. Elle est danseuse étoile.

f. Nous avons de la chance.

Conjuguer les verbes être et avoir au présent

8 * **a.** Nous **sommes** en retard.

b. Elles **sont** dans la chambre.

c. Tu **es** grand.

d. Vous **êtes** impatients.

e. Je **suis** malade.

f. Il **est** absent ce matin.

9 * **a.** J'**ai** chaud.

b. Ils **ont** peur du noir.

c. Tu **as** soif.

d. Elle **a** plein d'amis.

10 ** **a.** Le chien **est** un compagnon pour l'homme.

b. Nous **avons** le mal de mer.

c. La neige **est** très froide.

d. Ils **ont** des billes de toutes les couleurs.

J'écris – Je m'exprime

11 * Production libre

12 ** Production libre

À toi de jouer

Je suis un poulain (ou une pouliche).

Dictée

Doriane est contente. Après la course, elle a la médaille d'argent. Ses amis sont là pour fêter ce résultat.

→ *Préparons la dictée*

Lire une première fois la dictée.
Les élèves doivent rester attentifs et ne rien écrire.

Différenciation

→ *Remédiation : voir Photofiche Le Verbe 5R.*
→ *Entraînement : voir Photofiche Le Verbe 5E.*

Évaluation

→ *voir Photofiches Le Verbe Évaluation.*

6 Le présent des verbes irréguliers du 3e groupe

Manuel p. 104-105

Compétences : Identifier et connaître les formes des verbes irréguliers du 3e groupe au présent de l'indicatif.

Autour de la notion

Ces huit verbes sont des verbes **fréquents** et **irréguliers** car leur **radical** et leurs **terminaisons** changent. Le verbe *aller* est le seul verbe en *-er* qui soit irrégulier à la fois au présent mais, en plus, d'un temps à l'autre (car il est la synthèse de trois verbes latins différents). La maîtrise de ces verbes à l'oral sera une aide précieuse pour les élèves.

→ *Activités de manipulation*

Substituer un groupe nominal par le pronom qui convient. À l'inverse, substituer un pronom sujet par un groupe nominal qui convient.

→ *Points d'attention*

Attirer l'attention sur l'orthographe de *nous faisons*.

Corrigés des activités

Découvrons et manipulons

Recherche en collectif à l'oral

1 **a)** L'infinitif de *fait* est *faire*.
b) Le verbe est conjugué au présent.
c) Le sujet de ce verbe est le pronom *elle*.
d) La terminaison du verbe est -t.

2 **a)** L'infinitif de *va* et *vont* est *aller*.
b) Les verbes sont conjugués au présent.
c) Les sujets des verbes sont respectivement *certains* et *Lucie*.
d) Les terminaisons des verbes sont respectivement -ont et -a.

Application en collectif à l'oral

3 je fais – tu fais – elle fait – nous faisons – vous faites – ils font

Corrigés des exercices

Je m'entraîne

Identifier le présent des verbes irréguliers

4 * tu vas – il vient – nous disons – ils font – tu prends – je veux – il peut – elles vont – vous faites

5 ** **a.** venir : je viens – nous venons – ils viennent
b. pouvoir : tu peux – vous pouvez – elles peuvent
c. prendre : il prend – nous prenons – ils prennent

Conjuguer les verbes irréguliers au présent

6 * **a.** Tu **fais** une pirouette.
b. Les filles **font** du karaté.
c. Nous **faisons** les valises.
d. Vous **faites** un bouquet.
e. Valentin **fait** des grimaces.

7 * **a.** Ma sœur **va** chez le coiffeur.
b. Nous **allons** en Italie.
c. Je **vais** au cinéma.
d. Vous **allez** au stade.
e. Tu **vas** chez ton oncle.

8 * **a.** Vous **dites** « bonjour ! ».
b. Nous **disons** toute la vérité.
c. Maya **dit** la date du jour.
d. Ils **disent** qu'ils viendront demain.
e. Je ne **dis** pas la vérité.

9 ** **a.** Nous **venons** au cinéma avec vous.
b. Je **vois** le sommet du Mont Blanc.
c. Mes amis **peuvent** compter sur moi.
d. **Voulez**-vous encore des frites ?
e. Ils **prennent** un bus pour aller à l'école.

10 *** **a.** Nous **prenons** un grand verre d'eau.
b. Elles **peuvent** regarder ce film d'aventure.
c. Elle **veut** gagner le match.
d. Ils **peuvent** aller au parc.
e. Vous **voyez** très bien d'ici.

J'écris – Je m'exprime

11 * Production libre

12 ** Production libre

À toi de jouer

Vous faites une tarte.

Dictée

Je fais une statue de sable avec mon frère. Un spectateur dit que nous faisons une bonne équipe. Nous allons réaliser un crabe géant.

→ Préparons la dictée

Lire une première fois la dictée. Les élèves doivent rester attentifs et ne rien écrire.

Différenciation

→ *Remédiation : voir Photofiche Le Verbe 6R.*

→ *Entraînement : voir Photofiche Le Verbe 6E.*

Évaluation

→ *voir Photofiches Le Verbe Évaluation.*

Je réinvestis mes connaissances

Manuel p. 106-107

Les 16 premiers exercices proposés reprennent chacune des notions étudiées au cours de ce module.
Les 3 derniers exercices transversaux et d'écriture proposés brassent les notions étudiées.

Exercices	Compétences traitées
Exercice 1	Identifier et connaître les terminaisons des verbes du 1er groupe (*-er*) au présent de l'indicatif.
Exercice 2	Identifier et connaître les terminaisons des verbes du 1er groupe (*-er*) au présent de l'indicatif.
Exercice 3	Identifier et connaître les terminaisons des verbes du 1er groupe (*-er*) au présent de l'indicatif.
Exercice 4	Identifier et connaître les terminaisons des verbes du 1er groupe (*-er*) au présent de l'indicatif.
Exercice 5	Identifier et connaître les terminaisons des verbes du 1er groupe (*-er*) au présent de l'indicatif.
Exercice 6	Identifier et connaître les formes des verbes *être* et *avoir* au présent de l'indicatif.
Exercice 7	Identifier et connaître les formes des verbes *être* et *avoir* au présent de l'indicatif.
Exercice 8	Identifier et connaître les formes des verbes *être* et *avoir* au présent de l'indicatif.
Exercice 9	Identifier et connaître les formes des verbes *être* et *avoir* au présent de l'indicatif.
Exercice 10	Identifier et connaître les formes des verbes irréguliers du 3e groupe au présent de l'indicatif.
Exercice 11	Identifier et connaître les formes des verbes irréguliers du 3e groupe au présent de l'indicatif.
Exercice 12	Identifier et connaître les formes des verbes irréguliers du 3e groupe au présent de l'indicatif.
Exercice 13	Identifier et connaître les formes des verbes irréguliers du 3e groupe au présent de l'indicatif.
Exercice 14	Identifier et connaître les formes des verbes irréguliers du 3e groupe au présent de l'indicatif.
Exercice 15	Identifier et connaître les formes des verbes irréguliers du 3e groupe au présent de l'indicatif.
Exercice 16	Identifier et connaître les formes des verbes irréguliers du 3e groupe au présent de l'indicatif.
Exercices transversaux	
Exercice 17	Identifier et connaître les terminaisons des verbes du 1er groupe (*-er*) au présent de l'indicatif. Donner l'infinitif d'un verbe.
Exercice 18	Identifier et connaître les terminaisons des verbes du 1er groupe (*-er*) au présent de l'indicatif.
Exercice 19	Identifier et connaître les terminaisons des verbes du 1er groupe (*-er*) au présent de l'indicatif.

Le présent des verbes du 1er groupe (-er)

1 ils achètent – nous écoutons – il coiffe – vous respirez – j'éternue – tu écoutes – elle recopie – j'agite – vous arrivez – nous dessinons – tu téléphones – ils gagnent

2 **a. Nous** lançons la balle très fort.
b. Il caresse ce chat abandonné.
c. Tu éternues sans cesse.
d. Ils discutent au téléphone.
e. Vous rigolez en cachette.

3 **a.** Tu tourn**es** à gauche.
b. Elle avanc**e** tout droit.
c. Vous pass**ez** devant nous.
d. Je cri**e** très fort.
e. Elles pos**ent** leur tasse.

4 **a.** Je cass**e** une assiette.
b. Vous cherch**ez** un crayon rouge.
c. Ils débarrass**ent** la table.
d. Tu découp**es** des images de fleurs.
e. Elle arrêt**e** de lire.

5 **a.** Tu sépar**es** les grains de riz et les grains de blé.
b. Elle march**e** sur le chemin de terre.
c. vous entr**ez** dans la boutique.
d. Je saut**e** de joie.
e. Nous propos**ons** de nouveaux jeux.

Le présent des verbes être et avoir

6 **a.** Nous avons un cadeau pour toi.
b. Tu as la médaille d'or !
c. Elle a un nouveau cartable.
d. Vous avez de bonnes idées.
e. Ils ont la grippe.

7 **a.** Tu es en vacances.
b. Maxime est plein d'énergie.
c. Ces cahiers sont sales.
d. Vous êtes silencieux.
e. Je suis en retard.

8 **a.** Vous **avez** une jolie maison.
b. Il **a** des chaussures neuves.
c. Ils **ont** un sac de courses.
d. Nous **avons** un poisson rouge.
e. Elles **ont** la tête qui tourne.

9 **a.** Elles **ont** plein d'amis.
b. Je **suis** dans l'ascenseur.
c. Vous **avez** mal aux pieds.
d. Tu **es** la plus jolie !
e. Tu **as** la plus belle robe !

Le présent des verbes irréguliers du 3e groupe

10 **a.** Nous **faisons** de la musique.
b. Les commerçants **font** des soldes.
c. Le bébé **fait** des sourires.
d. Je **fais** attention en traversant.
e. Vous **faites** du vélo dans la forêt.

11 **a.** Je **vais** te raconter une histoire.
b. Elles **vont** à la bibliothèque.
c. Tu **vas** danser sur la piste.
d. Nous **allons** présenter notre maquette.
e. Elle **va** en Normandie voir la mer.

12 **a.** Je **dis** à Léa de venir.
b. Je n'entends pas ce que tu **dis**.
c. Pinocchio **dit** des mensonges.
d. Vous **dites** des paroles rassurantes.
e. « Venez nous rejoindre ! » **disent** les sirènes.

13 **a.** Elles **viennent** voir leurs grands-parents.
b. Tu **viens** à l'école à pied.
c. Nous **venons** à la patinoire.
d. Vous **venez** pour les vacances.
e. Il **vient** de tomber par terre.

14 **a.** Il **prend** ses jambes à son cou !
b. Je **prends** des couverts pour manger.
c. Nous **prenons** nos vélos pour sortir.
d. Vous **prenez** le train en route.
e. Tu **prends** un gâteau dans le placard.

15 **a. Nous faisons** de la gymnastique.
b. Vous allez laver **votre** voiture.
c. Il dit toujours merci.
d. Tu fais une grande tour.
e. Je vais voir cette exposition.

16 **a.** Nous **voulons** pas sortir par ce froid.
b. Je ne **vois** rien avec ce brouillard
c. Mes cousins **veulent** venir passer Noël avec nous.
d. Ils **voient** la mer depuis leur balcon.
e. Vous **voulez** toujours avoir raison

EXERCICES TRANSVERSAUX

17 **a)** et **b)** accord[ent] – arriv[e] – [a]– agit[e] – f[ont] – écout[ons]
c) accorder – arriver – avoir – agiter – faire – écouter

18 **a)** et **b)** Les enfants **regardent** le gratte-ciel. C'**est** impressionnant ! Des centaines d'ouvriers **travaillent**. Ils **ont** un casque sur la tête. Les hommes **déplacent** des blocs de pierre énormes.
c) Il regarde le gratte-ciel.
d) Nous déplaç[ons] des blocs de pierre énormes.

EXERCICE D'ÉCRITURE

19 Production libre

7 Le futur des verbes du 1er groupe (-*er*)

Manuel p. 108-109

Compétences : Identifier et connaître les terminaisons des verbes du 1er groupe (-*er*) au futur simple de l'indicatif.

Autour de la notion

Le futur indique que l'action n'est pas encore faite.
À l'oral, les élèves emploient fréquemment **le futur proche** (verbe *aller* conjugué accompagné du verbe de l'action à l'infinitif)
Pour conjuguer au futur, on écrit **le verbe à l'infinitif** et on rajoute **les terminaisons** -ai, -as, -a, -ons, -ez-, -ont.

→ Points d'attention

À la première personne du singulier, la terminaison se prononce [e], ce qui la distingue des terminaisons en -ais (notamment le conditionnel et l'imparfait).

Certains verbes posent davantage de difficultés : ceux qui se terminent par -rer (exemple avec *mesurer* : *vous mesurerez* est plus difficile à dire car souvent le **e** n'est pas prononcé) et ceux contenant un **e** muet (exemple avec *jouer* : *tu joueras*).
À la deuxième et à la troisième personnes du singulier, les verbes se prononcent de la même manière, mais les terminaisons s'écrivent différemment (-as et -a).
À la première et à la troisième personnes du pluriel, les verbes se prononcent de la même manière, mais les terminaisons s'écrivent différemment (-ons et -ont).

Corrigés des activités

Découvrons et manipulons

Recherche en collectif à l'oral

1 **a)** Les actions auront lieu plus tard.
b) Les expressions *la semaine prochaine* et *et après* aident.

2 **a)** L'infinitif de *mangerons* est *manger*.
b) Le sujet est le pronom *nous*, sa terminaison est -ons.

3 **a)** L'infinitif de *raconterai* est *raconter*.
b) Le sujet est le pronom *je*, sa terminaison -ai.

Application en collectif à l'oral

4
- je parler**ai**
- nous parler**ons**
- tu parler**as**
- vous parler**ez**
- il parler**a**
- elles parler**ont**

5
- Tu sautes. → Demain, tu **sauteras**
- Nous découpons. → Demain, nous **découperons**
- Ils pensent. → Demain, ils **penseront**
- Vous sifflez. → Demain, vous **sifflerez**

Corrigés des exercices

Je m'entraîne

Identifier les verbes au futur

6 tu fermer/as – ils jouer/ont – vous cuisiner/ez – tu aimer/as – elle flotter/a – elles ranger/ont – vous couper/ez – nous coller/ons – je crier/ai – nous naviguer/ons

7 elle regarder[a] – ils brûler[ont] – nous voyager[ons] – tu lancer[as] – je réparer[ai] – vous donner[ez] – je réveiller[ai] – elles manger[ont]

8 **a. Tu** imiteras le cri des animaux.
b. Vous dessinerez des éléphants.
c. Ils passeront voir les otaries.
d. Elle soignera le vieux lion.
e. Nous participerons au spectacle des aigles.

Conjuguer les verbes au futur

9 **a.** Les travaux avancer**ont** vite.
b. La jument sauter**a** l'obstacle.
c. Je compter**ai** jusqu'à mille.
d. Tu changer**as** de voiture bientôt.
e. Nous monter**ons** en haut de la tour.

10 **a.** Je lancerai. → Tu **lanceras**
b. Elle roulera. → Nous **roulerons**
c. Tu débuteras. → Vous **débuterez**
d. Ils attaqueront. → Il **attaquera**
e. Nous commencerons. → Je **commencerai**

11 **a.** Ils **discuteront** toute la nuit.
b. J'**éplucherai** les pommes de terre.
c. Elle **examinera** la cheville de Bacary.
d. Nous **calculerons** le prix du séjour.

12 **a.** Tu **termineras** tes exercices.
b. Elles **quitteront** la salle.
c. Je **gagnerai** le concours.
d. Il **entraînera** une équipe de basket.

J'écris – Je m'exprime

13 Production libre

14 Production libre

À toi de jouer

frottera → possèdera
casseront → crieront
jouerai → effacerai
prêteras → fabriqueras
Le verbe qui se trouve seul est : **formerons**

Dictée

Tu changeras de ville bientôt. Toute la famille déménagera à la montagne. Tu quitteras tes amis mais ils passeront des vacances avec toi. Vous skierez ensemble.

→ *Préparons la dictée*
Lire une première fois la dictée. Les élèves doivent rester attentifs et ne rien écrire.

Différenciation

→ *Remédiation : voir Photofiche Le Verbe 7R.*
→ *Entraînement : voir Photofiche Le Verbe 7E.*

Évaluation

→ *voir Photofiches Le Verbe Évaluation.*

8 Le futur des verbes *être* et *avoir*

Manuel p. 110-111

Compétences : Identifier et connaître les formes des verbes *être* et *avoir* au futur simple de l'indicatif.

Autour de la notion

Au futur, les verbes *être* et *avoir* ont les mêmes terminaisons que tous les autres verbes.
Le radical des deux verbes **change** mais reste **régulier** tout le long de la conjugaison.

→ Points d'attention
Faire attention, à l'oral à la bonne prononciation du verbe être *je serai* qu'il ne faut pas confondre avec le verbe savoir *je saurai*.

Corrigés des activités

Découvrons et manipulons

Recherche en collectif à l'oral

1 Les verbes de ce texte sont conjugués au **futur**.

2 **a)** L'infinitif du verbe *serai* est *être*.
b) Les sujets de ces verbes sont respectivement les pronoms *je* et *ils*.
c) Les terminaisons sont respectivement -ai et -ont.

3 **a)** L'infinitif du verbe *auront* est *avoir*.
b) Le sujet de ce verbe est le pronom *ils*.
c) La terminaison est -ont.

Application en collectif à l'oral

4 tu seras – tu auras – nous aurons – il aura – nous serons – ils auront – ils seront – il sera

5 • ~~je suis~~ – tu seras – je serai – il sera
• vous serez – elles seront – ~~elles sont~~ – tu seras
• nous aurons – j'aurai – ~~nous avons~~ – ils auront
• il sera – ~~elles sont~~ – ils auront – elle sera

Corrigés des exercices

Je m'entraîne

Identifier les formes des verbes être et avoir au futur

6 * j'aurai – nous serons – tu auras – ils auront – vous serez – tu seras – elle aura – je serai

7 ** je ser[ai] – nous aur[ons] – tu aur[as] – il ser[a] – ils ser[ont] – vous aur[ez] – j'aur[ai] – vous ser[ez]

Conjuguer les verbes être et avoir au futur

8 * **a.** J'aur**ai** un peu de retard.
b. Il ser**a** chez son papi.
c. Nous aur**ons** de bonnes nouvelles.
d. Elles ser**ont** en Islande.
e. Tu aur**as** raison.

9 ** **a.** avoir : nous **aurons**
b. avoir : tu **auras**
c. être : il **sera**
d. avoir : elles **auront**
e. être : je **serai**
f. avoir : vous **aurez**

10 ** **a.** Tu **seras** un artiste formidable.
b. Nous **serons** bientôt là.
c. Après ce match, ils **seront** champions.
d. Vous **serez** en vacances à la fin de la semaine.
e. Je **serai** de retour samedi soir.

11 ** **a.** Dans quelques mois, il **aura** un petit frère.
b. J'**aurai** le bras dans le plâtre pendant deux mois.
c. Dans le Sud, vous **aurez** beaucoup de soleil.
d. Pour le goûter, ils **auront** des crêpes.
e. Tu **auras** de nouvelles lunettes.

12 *** **a.** Ton chocolat **sera** froid.
b. Des loups **seront** dans la forêt.
c. Nous **aurons** rendez-vous chez le médecin.
d. Ton chien **sera** dans le jardin.
e. Tu **auras** une récompense.

J'écris – Je m'exprime

13 * Production libre

14 ** Production libre

À toi de jouer

Elle aura des cadeaux. (aile – eau – rat – dé – k – do)

Dictée

En Écosse, nous visiterons un château hanté. Les fantômes seront dans le salon. Tu n'auras pas peur ? Tu seras courageuse ?

→ *Préparons la dictée*

Lire une première fois la dictée.
Les élèves doivent rester attentifs et ne rien écrire.

Différenciation

→ *Remédiation : voir Photofiche Le Verbe 8R.*
→ *Entraînement : voir Photofiche Le Verbe 8E.*

Évaluation

→ *voir Photofiches Le Verbe Évaluation.*

9 Le futur des verbes irréguliers du 3e groupe

Manuel p. 112-113

Compétence : Identifier et connaître les formes des verbes irréguliers du 3e groupe au futur de l'indicatif.

Autour de la notion

Les verbes faire, aller, dire, venir, voir, pouvoir, vouloir et prendre sont des verbes fréquents et irréguliers. Quand on les conjugue au futur, leurs terminaisons sont identiques à celles de tous les autres verbes (ai, a, as, ons, ez, ont) cependant leurs radicaux sont souvent très différents.

→ *Activités de manipulation*

Proposer des verbes irréguliers conjugués au futur à des personnes différentes et demander leur infinitif.
Donner les deux premières personnes d'un verbe irrégulier conjugué au futur et demander de continuer à le conjuguer tout entier.

→ *Points d'attention*

Des confusions sont fréquentes entre la 1re personne du singulier et la 2e personne du pluriel en raison de la proximité de ce que l'on entend.

→ *Piste de différenciation ou remédiation*

La conjugaison des verbes irréguliers au futur n'est pas aisée pour les élèves.
Ce n'est qu'en les répétant à de multiples reprises qu'ils arriveront à les mémoriser.

Corrigés des activités

Découvrons et manipulons

Recherche en collectif à l'oral

1 **a)** C'est le verbe *pouvoir*.
b) *Le docteur* est le sujet du verbe *pouvoir*.
c) Le verbe se termine par un a.
d) Ce verbe est conjugué au futur.

2 **a)** C'est le verbe *aller*.
b) *Chaque blessé* est le sujet du verbe *aller*.
c) Le verbe se termine par un a.
d) Ce verbe est conjugué au futur.

Application en collectif à l'oral

3 je ferai (faire) – ils iront (aller) – vous direz (dire) – nous viendrons (venir) – nous verrons (voir) – ils pourront (pouvoir) – tu voudras (vouloir) – elle prendra (prendre)

Corrigés des exercices

Je m'entraîne

Identifier le futur des verbes irréguliers

4 * Faire : nous ferons – vous ferez
Aller : vous irez – elles iront
Dire : je dirai – tu diras

5 * Venir : tu viendras – ils viendront – nous viendrons
Voir : il verra – vous verrez – je verrai
Prendre : nous prendrons – tu prendras

6 **a.** Je **pourrai** ou **voudrai** faire un voyage en montgolfière.
b. Les oiseaux **pourront** ou **voudront** nicher dans cet arbre.
c. Nous **pourrez** ou **voudrez** assister à votre spectacle.
d. Vous **pourrez** ou **voudrez** vous asseoir au premier rang.
e. Tu **pourras** ou **voudras** prendre ce bus.

Connaître le futur des verbes irréguliers

7 **a.** j'irai (aller)
b. tu pourras (pouvoir)
c. il viendra (venir)
d. vous ferez (faire)
e. nous voudrons (vouloir)
f. ils prendront (prendre)
g. je dirai (dire)
h. vous verrez (voir)
i. elle pourra (pouvoir)
j. elles feront (faire)

8 **a.** faire : nous **ferons**
b. aller : tu **iras**
c. dire : vous **direz**
d. venir : ils **viendront**
e. voir : je **verrai**
f. pouvoir : elle **pourra**
g. vouloir : je **voudrai**
h. prendre : nous **prendrons**
i. aller : nous **irons**
j. faire : ils **feront**

9 **a.** Nous **ferons** un voyage aux Antilles.
a. b. Les passagers **prendront** place dans l'avion.
b. c. **Viendras**-tu regarder ce film avec moi ?
c. d. Vous me **direz** toute la vérité.
d. e. J'**irai** à pieds et je **reviendrai** en bus.

10 **a.** Tu **iras** au cirque ce soir.
a. b. Vous **pourrez** gagner un très beau lot.
b. c. Les coureurs **prendront** place sur la ligne de départ.
c. d. Le clown **dira** des choses qui nous feront rire.
d. e. Nous **viendrons** chez vous pour dîner*.

J'écris – Je m'exprime

11 Production libre

À toi de jouer

Intrus : Je voyagerai. Il s'agit d'un verbe du 1er groupe.

Dictée

La semaine prochaine, ton frère et toi irez à la montagne. Hugo fera du ski et tu voudras voir les sommets. Vous pourrez prendre le télésiège.

→ *Préparons la dictée*

Lire une première fois la dictée. Les élèves doivent rester attentifs et ne rien écrire.

Différenciation

→ Remédiation : voir Photofiche Le Verbe 9R.

→ Entraînement : voir Photofiche Le Verbe 9E.

Évaluation

→ voir Photofiches Le Verbe Évaluation.

10 L'imparfait des verbes du 1er groupe (-*er*)

Compétences : Identifier et connaître les verbes en -*er* à l'imparfait de l'indicatif.

Autour de la notion

L'imparfait est un temps de conjugaison qui n'induit pas de réelles difficultés car il ne comporte pas d'irrégularités. L'imparfait fait partie **des temps du récit**, il est utilisé pour **les descriptions**, pour exprimer **une action du passé qui dure ou qui se répète**. Il est souvent associé au passé simple dans des textes écrits au passé, notamment dans les contes.

→ *Activité de manipulation*

À ce moment de l'année, les élèves ont normalement étudié trois temps différents.
Demander de changer le temps d'un verbe donné ou d'écrire un verbe aux trois temps étudiés. C'est l'occasion de comparer les changements des terminaisons.

→ *Points d'attention*

Pour les verbes du premier groupe, les seules difficultés ne sont pas au programme de CE1 (verbes en -cer et en -ger).

Corrigés des activités

Découvrons et manipulons

Recherche en collectif à l'oral

1 **a)** L'infinitif du verbe *versaient* est *verser*.
b) Ce verbe est conjugué au **passé**.
c) Le sujet de ce verbe est *quelques-uns*. C'est un sujet au pluriel.
d) La terminaison de ce verbe est **-aient**.

2 Hier je **versais** même une larme en cachette.
Hier, nous **versions** même une larme en cachette.
Les terminaisons du verbe sont respectivement -**ais** et -**ions**.

Application en collectif à l'oral

3 tu creus**ais** – il vol**ait** – nous apport**ions** – ils cass**aient**

4 tu répar**ais** – il grignot**ait** – nous march**ions**

Corrigés des exercices

Je m'entraîne

Identifier les terminaisons des verbes en -er conjugués à l'imparfait

5 * il gard[ait] – tu pouss[ais] – je rêv[ais] – nous ramass[ions] – ils rentr[aient] – tu rican[ais] – vous saut[iez] – elle arriv[ait]

6 * tu frissonn[ais] – nous gagn[ions] – elle réalis[ait] – vous provoqu[iez] – je quitt[ais] – ils piqu[aient] – nous posséd[ions] – tu recul[ais] – elles décor[aient] – j'expliqu[ais] – vous respir[iez] – il rentr[ait]

7 ** **a.** Elle envoyait des lettres. → envoyer
b. Je dessinais le phare du port. → dessiner
c. Vous caressiez les flancs du cheval. → caresser
d. Ils glissaient sur les trottoirs mouillés. → glisser
e. Nous cherchions des champignons. → chercher

Conjuguer les verbes en -er à l'imparfait

8 * **a.** Le marin attach**ait** son bateau.
b. Les voitures roul**aient** doucement.
c. Vous rest**iez** à la maison.
d. Tu rassur**ais** ton petit frère.
e. Nous lav**ions** la vaisselle.

9 * **a.** je port**ais**
b. ils soulign**aient**
c. vous parl**iez**
d. il montr**ait**
e. tu arrêt**ais**
f. nous travers**ions**
g. elle continu**ait**
h. vous récolt**iez**

10 ** **a.** L'explorateur **parlait** de ses voyages.
b. Je **regardais** les avions.
c. Nous **protégions** son secret.
d. Vous **prépariez** vos valises.
e. Des vigiles **gardaient** la porte.

11 *** **a.** Tu **demandais** de l'aide.
b. Vous **transportiez** des cartons.
c. Les lampadaires **éclairaient** la rue.
d. Je me **réveillais** tôt.
e. Nous **récitions** notre poésie.

J'écris – Je m'exprime

12 * Production libre

13 ** Production libre

À toi de jouer

La fée dormait dans l'arbre.

Dictée

Clémentine pédalait depuis une heure dans la campagne anglaise. Ses cheveux flottaient au vent. Plus loin, des moutons traversaient la route. Ils bloquaient le passage.

→ Préparons la dictée

Lire une première fois la dictée.
Les élèves doivent rester attentifs et ne rien écrire.

Différenciation

→ Remédiation : voir Photofiche Le Verbe 10R.
→ Entraînement : voir Photofiche Le Verbe 10E.

Évaluation

→ voir Photofiches Le Verbe Évaluation.

11 L'imparfait des verbes *être* et *avoir*

Manuel p. 116-117

Compétences : Identifier et connaître les terminaisons des verbes *être* et *avoir* à l'imparfait de l'indicatif.

Autour de la notion

Comme pour les verbes en -er, la conjugaison des verbes *être* et *avoir* ne comporte aucune difficulté particulière. Le radical est régulier et les terminaisons sont identiques.

→ Activités de manipulation

Proposer des activités de transposition en changeant la personne ou le temps de la phrase.

Reconnaître chaque temps abordé à partir d'un jeu de loto devant associer un verbe conjugué avec une carte indiquant le temps et/ou la personne.
Proposer davantage de phrases sur le sens de ces verbes et d'activités de production de phrases.

Corrigés des activités

Découvrons et manipulons

Recherche en collectif à l'oral

1 **a)** L'infinitif du verbe *étaient* est *être*.
b) Le verbe est conjugué au passé.
c) Le sujet de ce verbe est *les filles*. C'est un sujet au pluriel.
d) La terminaison de ce verbe est **-aient**.

2 **a)** L'infinitif du verbe *avait* est *avoir*.
b) Le verbe est conjugué au passé.
c) Le sujet de ce verbe est *Cyrano*. C'est un sujet au singulier.
d) La terminaison de ce verbe est **-ait**.

Application en collectif à l'oral

3 **nous** avions – **vous** étiez – **j'** ou **tu** étais – **il** avait – **ils** avaient – **vous** aviez – **ils** étaient – **il** était – **nous** étions – **j'** ou **tu** avais

4 • j'avais – tu avais – il avait – nous avons – tu étais – nous étions – vous êtes – elles étaient

Corrigés des exercices

Je m'entraîne

Identifier les terminaisons des verbes être et avoir à l'imparfait

5 * tu avais – nous étions – j'étais – vous aviez – ils étaient – elles avaient – vous étiez – il était – nous avions

6 *

verbe être à l'imparfait	verbe avoir à l'imparfait
nous étions – j'étais – elle était – tu étais – vous étiez	tu avais – ils avaient – vous aviez – nous avions – j'avais

Conjuguer les verbes être et avoir à l'imparfait

7 * **a.** Ils **étaient** en avance.
b. Tu **avais** encore raison.
c. Elle **avait** peur du noir.
d. Nous **étions** en chemin.
e. J'**étais** en avance.

8 ** **a.** Tu **étais** devant moi.
b. Ils **étaient** contagieux.
c. Nous **étions** à la montagne.
d. J'**étais** malade.
e. Vous **étiez** en train de dessiner.

9 ** **a.** Vous **aviez** une statuette mexicaine.
b. Le loup **avait** de grandes dents.
c. J'**avais** plein de billes.
d. Nous **avions** des tableaux.
e. Ils **avaient** des places pour un concert.

10 *** **a.** Il **avait** une voiture ancienne.
b. Vous **aviez** mal à la tête.
c. Elles **étaient** au bord de la route.
d. Tu **étais** dans le train.
e. J'**avais** des exercices à faire.

J'écris – Je m'exprime

11 * Production libre

12 ** Production libre

À toi de jouer

Il avait deux grandes oreilles. Il était au fond du chapeau noir.
Il s'agit d'un lapin.

Dictée

J'étais debout depuis le lever du soleil. Les marins avaient faim. Nous étions en route pour l'Amérique. J'étais mousse sur un galion espagnol.

→ Préparons la dictée

Lire une première fois la dictée.
Les élèves doivent rester attentifs et ne rien écrire.
Épeler et écrire les mots présentant des difficultés : *mousse* et *galion*.

Différenciation

→ *Remédiation : voir Photofiche Le Verbe 11R.*
→ *Entraînement : voir Photofiche Le Verbe 11E.*

Évaluation

→ *voir Photofiches Le Verbe Évaluation.*

12 L'imparfait des verbes irréguliers du 3e groupe

Manuel p. 118-119

Compétences : Identifier et connaître les formes des verbes irréguliers du 3e groupe à l'imparfait de l'indicatif.

Autour de la notion

Les verbes *faire, aller, dire, venir, voir, pouvoir, vouloir* et *prendre* sont des verbes fréquents et irréguliers. Quand on les conjugue à l'imparfait, leurs terminaisons sont identiques à celles de tous les autres verbes (ais, ais, ait, ions, iez, aient).

→ *Activités de manipulation*

Proposer des verbes irréguliers conjugués à l'imparfait à des personnes différentes et demander leur infinitif.
Donner les deux premières personnes d'un verbe irrégulier conjugué à l'imparfait et demander de continuer à le conjuguer tout entier.

→ *Points d'attention*

Des confusions sont fréquentes entre la 1re personne du singulier, et les 2e et 3e personnes du pluriel en raison de la proximité de ce que l'on entend.
D'autres difficultés sont à noter : pour le verbe faire, le premier ai se prononce [æ] et le second [ɛ] : je faisais.
Pour le verbe voir, le i qui suit le y des 2e et 3e personnes du pluriel est souvent oublié.

→ *Piste de différenciation ou remédiation*

La conjugaison des verbes irréguliers à l'imparfait n'est pas aisée pour les élèves.
Ce n'est qu'en les répétant à de multiples reprises qu'ils arriveront à les mémoriser.

Corrigés des activités

Découvrons et manipulons

Recherche en collectif à l'oral

1 **a)** Il s'agit du verbe *dire*.
b) Son sujet est le pronom *elle*.
c) Le verbe se termine par ait.
d) Ce verbe est conjugué à un temps du passé.

2 **a)** Il s'agit du verbe *faire*.
b) Son sujet est le nom *marins*.
c) Le verbe se termine par aient.
d) Ce verbe est conjugué à un temps du passé.

Application en collectif à l'oral

3 je faisais (faire) – tu allais (aller) – vous disiez (dire) – je venais (venir) – tu voyais (voir) – il pouvait (pouvoir) – nous voulions (vouloir) – vous preniez (prendre)

Corrigés des exercices

Je m'entraîne

Identifier l'imparfait des verbes irréguliers

4 * **Aller :** tu allais – elle allait – nous allions – elles allaient – j'allais
Faire : je faisais –- nous faisions – ils faisaient – vous faisiez – tu faisais
Dire : il disait – nous disions – ils disaient

5 * **Venir :** je venais – il venait – vous veniez – tu venais – ils venaient
Voir : vous voyiez – je voyais – ils voyaient – il voyait – tu voyais – nous voyions
Prendre : ils prenaient – tu prenais – nous prenions – il prenait – je prenais

6 ** **a.** Pendant les vacances tu **voulais** ou **pouvais** apprendre à nager.
b. Vous ne **vouliez** ou **pouviez** pas marcher sur le lac gelé.
c. Les alpinistes **pouvaient** ou **voulaient** atteindre le sommet.
d. Tu **pouvais** ou **voulais** facilement arriver la première.
e. Nous **pouvions** ou **voulions** lui demander un autographe.

Connaître l'imparfait des verbes irréguliers

7 * **a.** vous voyiez (**voir**)
b. tu pouvais (**pouvoir**)
c. vous veniez (**venir**)
d. je prenais (**prendre**)
e. nous voulions (**vouloir**)
f. je faisais (**faire**)
g. nous disions (**dire**)

h. elles allaient (**aller**)
i. nous voyions (**voir**)
j. nous faisions (**faire**)

8 **a.** faire : tu **faisais**
b. aller : nous **allions**
c. vouloir : je **voulais**
d. pouvoir : il **pouvait**

9 **a.** Vous ne **pouviez** pas savoir où nous étions.
b. **Faisiez**-vous la grasse matinée cet été ?
c. Quand les mouettes **voyaient** le poisson, elles plongeaient.
d. Nous **prenions** le bus pour aller à la gare.
e. Tu ne **disais** pas que tu étais malade.

J'écris – Je m'exprime

10 Production libre

À toi de jouer

Vous – lait (voulait)

Dictée

La princesse et le dragon venaient au château. Ils voulaient entrer pour libérer le prince. Ce dernier les voyait du haut de son donjon. Il faisait de grands gestes pour attirer l'attention de la princesse.

→ ***Préparons la dictée***

Lire une première fois la dictée. Les élèves doivent rester attentifs et ne rien écrire.
Demander à quel temps cette histoire est racontée.
Faire relever les verbes et faire donner leur infinitif.
Faire identifier la personne de chaque verbe et demander sa conjugaison en entier.

Différenciation

→ *Remédiation : voir Photofiche Le Verbe 12R.*
→ *Entraînement : voir Photofiche Le Verbe 12E.*

Évaluation

→ *voir Photofiches Le Verbe Évaluation.*

13 La formation du passé composé

Manuel p. 120-121

Compétences : Comprendre la formation du passé composé. Conjuguer des verbes en *-er* au passé composé.

Autour de la notion

Le passé composé est un temps du **passé**. Il se forme avec l'**auxiliaire** *avoir* ou *être* et le **participe passé** du verbe conjugué. Ce temps est très utilisé par les enfants à l'oral. Cependant, il n'est pas très facile pour eux de le reconnaître et de comprendre **sa formation**.
Identifier l'infinitif du verbe, c'est-à-dire nommer l'action est un objectif important au CE1. Cela est rendu difficile par la prédominance de **l'auxiliaire**. En effet, les élèves reconnaissent facilement ces verbes dont ils ont appris la conjugaison. **Le participe passé** semble alors passer au second plan. On demandera donc régulièrement aux élèves quelle est l'action de la phrase.

→ ***Points d'attention***

Les élèves doivent bien comprendre que le verbe est composé de deux mots : l'auxiliaire et le participe passé du verbe exprimé.
Il est également important que les élèves reconnaissent bien quel est l'auxiliaire employé puisqu'ils verront plus tard qu'il existe des règles d'accord différentes selon l'auxiliaire utilisé.
La maîtrise de la conjugaison des verbes *avoir* et *être* est importante pour écrire les verbes au passé composé.

→ ***Piste de différenciation ou remédiation***

Pour mémoriser le fait que le verbe est composé de deux mots, proposer de les visualiser soit par des **couleurs**, soit en les **entourant** et en les **reliant**.

Corrigés des activités

Découvrons et manipulons

Recherche en collectif à l'oral

1 b) L'expression est formée de deux mots.
c) Je lance le ballon.
d) Nous avons lancé le ballon. Le premier mot (*avoir*) change, le second mot (*lancé*) ne change pas.

2 a) Enzo arrive pour aider Mattéo.
b) Je suis arrivé pour aider Mattéo. Le premier mot (*être*) change, le second mot (*arrivé*) ne change pas.

Application en collectif à l'oral

3 • J'ai attrapé le ballon. J'ai jeté le ballon. J'ai passé le ballon. J'ai donné le ballon.
• Enzo est tombé. Enzo est entré. Enzo est monté. Enzo est resté.

4 tu as sauté – ils ont joué – j'ai changé
nous sommes arrivés – il est resté
N.B. : On s'attend à ce que les élèves classent les verbes en fonction de l'auxiliaire utilisé. Les autres classements proposés sont écoutés et doivent être justifiés par les élèves.

Corrigés des exercices

Je m'entraîne

Identifier les verbes conjugués au passé composé

5 * nous avons gagné – vous avez déménagé – j'ai rêvé – il a foncé – ils ont décidé – nous sommes tombés

6 * **a.** Tu as décoré la classe.
b. Ils ont attrapé la balle.
c. Il est resté à la maison.
d. Nous avons encadré nos dessins.
e. Vous avez félicité le cuisinier.

7 ** **a.** Le lac a gelé pendant la nuit. → geler
b. Nous avons attrapé nos manteaux. → attraper
c. J'ai dessiné ma maison. → dessiner
d. Tu as recommencé tes entraînements. → recommencer
e. Les passants ont crié devant la voiture. → crier

Conjuguer les verbes en -er au passé composé

8 * **a. Il** / **Elle** a effacé sa phrase.
b. Nous avons bavardé en classe.
c. J'ai emporté un goûter.
d. Vous avez dégusté un tajine.
e. Je suis tombé dans les escaliers.

9 ** **a.**Vous **avez** effacé le tableau.
b. Tu **as** frappé à la porte.
c. J'**ai** arrosé les plantes vertes.
d. Ils **ont** retrouvé leurs amis.

10 *** **a.** Vous **avez visité** Paris.
b. J'**ai poussé** les tables.
c. Ils **ont observé** les insectes.
d. Tu **as galopé** sur la plage.

J'écris – Je m'exprime

11 * Production libre

12 ** Production libre

À toi de jouer

Nous avons rencontré un chanteur célèbre.

Dictée

Les pompiers ont lavé leur camion rouge. Soudain, la sirène a sonné. Le capitaine est monté tout en haut de l'échelle. Il a arrosé les flammes. Des passants ont remercié les pompiers.

→ Préparons la dictée
Lire une première fois la dictée.
Les élèves doivent rester attentifs et ne rien écrire.

Différenciation

→ *Remédiation : voir Photofiche Le Verbe 13R.*

→ *Entraînement : voir Photofiche Le Verbe 13E.*

Évaluation

→ *voir Photofiches Le Verbe Évaluation.*

Je réinvestis mes connaissances

Les 17 premiers exercices proposés reprennent chacune des notions étudiées au cours de ce module.
Les 4 derniers exercices transversaux et d'écriture proposés brassent les notions étudiées.

Exercices	Compétences traitées
Exercice 1	Identifier et connaître les terminaisons des verbes du 1er groupe au futur simple de l'indicatif.
Exercice 2	Identifier et connaître les terminaisons des verbes du 1er groupe au futur simple de l'indicatif.
Exercice 3	Identifier et connaître les formes des verbes *être* et *avoir* au futur simple de l'indicatif.
Exercice 4	Identifier et connaître les formes des verbes *être* et *avoir* au futur simple de l'indicatif.
Exercice 5	Identifier et connaître les formes des verbes *être* et *avoir* au futur simple de l'indicatif.
Exercice 6	Identifier et connaître les formes des verbes irréguliers du 3e groupe au futur simple de l'indicatif.
Exercice 7	Identifier et connaître les formes des verbes irréguliers du 3e groupe au futur simple de l'indicatif.
Exercice 8	Identifier et connaître les verbes du 1er groupe à l'imparfait de l'indicatif.
Exercice 9	Identifier et connaître les verbes du 1er groupe à l'imparfait de l'indicatif.
Exercice 10	Identifier et connaître les terminaisons des verbes *être* et *avoir* à l'imparfait de l'indicatif.
Exercice 11	Identifier et connaître les terminaisons des verbes *être* et *avoir* à l'imparfait de l'indicatif.
Exercice 12	Identifier et connaître les terminaisons des verbes *être* et *avoir* à l'imparfait de l'indicatif.
Exercice 13	Identifier et connaître les terminaisons des verbes irréguliers à l'imparfait de l'indicatif.
Exercice 14	Identifier et connaître les terminaisons des verbes irréguliers à l'imparfait de l'indicatif.
Exercice 15	Comprendre la formation du passé composé. Conjuguer des verbes du 1er groupe au passé composé.
Exercice 16	Comprendre la formation du passé composé. Conjuguer des verbes du 1er groupe au passé composé.
Exercice 17	Conjuguer des verbes du 1er groupe au passé composé.
Exercices transversaux	
Exercice 18	Identifier et connaître les terminaisons des verbes du 1er groupe au futur simple de l'indicatif. Identifier et connaître les formes des verbes *être* et *avoir* au futur simple de l'indicatif. Identifier et connaître les verbes du 1er groupe à l'imparfait de l'indicatif. Identifier et connaître les terminaisons des verbes *être* et *avoir* à l'imparfait de l'indicatif. Comprendre la formation du passé composé.
Exercice 19	Identifier et connaître les formes des verbes *être* et *avoir* au futur simple de l'indicatif. Identifier et connaître les verbes du 1er groupe à l'imparfait de l'indicatif. Comprendre la formation du passé composé.
Exercice 20	Les exercices d'écriture utilisent les compétences précédemment travaillées.
Exercice 21	Les exercices d'écriture utilisent les compétences précédemment travaillées.

Le futur des verbes du 1er groupe (-er)

1 * **a.** Tu regarder**as** la télévision après tes devoirs.
b. Nous annoncer**ons** la bonne nouvelle.
c. Je laisser**ai** un message pour toi.
d. Le caméléon changer**a** de couleur.
e. Les gardiens surveiller**ont** les prisonniers.

2 ** Cet été, nous **visiterons** la Grèce. Vous **préparerez** le voyage. Mehdi **tracera** l'itinéraire en rouge sur la carte. Sophia **photographiera** les temples. Moi, je vous **raconterai** les aventures des dieux grecs.

Le futur des verbes être et avoir

3 * **a.** Nous **aurons** des métiers passionnants.
b. J'**aurai** un vélo neuf.
c. Elle **sera** contente d'arriver.
d. Ils **auront** de la chance.
e. Les enfants ne **seront** pas peureux.

4 ** **a.** Nous **aurons** bientôt nos costumes de carnaval.
b. Tu **auras** l'occasion de nous voir.
c. Joséphine **aura** l'air d'une sorcière.
d. J'**aurai** une cape et un grand chapeau pointu.
e. Les spectateurs **auront** de beaux souvenirs.

5 ** **a.** Il **sera** là samedi prochain.
b. Nous **serons** en retard.
c. La semaine prochaine, ils **seront** en vacances.
d. Tu **seras** bientôt en panne d'essence.
e. Vous **serez** présents au spectacle de Léa.

Le futur des verbes irréguliers du 3e groupe

6 * je verrai – ils iront – je tiendrai – nous viendrons – ils pourront – tu voudras – elle prendra – tu feras – je dirai – vous viendrez – il verra

7 a. Vous **pourrez** partir ensemble.
b. Les animaux **viendront** boire dans ce point d'eau.
c. Demain, tu nous **diras** ce que tu veux pour ton anniversaire.
d. Nous **ferons** nos courses cet après-midi.
e. Plus tard, je **voudrai** être mécanicien d'avions.

L'imparfait des verbes en -er

8 **a.** Je disput**ais** ce tournoi chaque année.
b. Nous déjeun**ions** dans le jardin.
c. Tu lis**ais** avant de dormir.
d. Il ador**ait** cette émission.
e. Elles dessin**aient** à l'aquarelle.

9 **a.** Je **gardais** son secret.
b. Une barrière **empêchait** le train de passer.
c. Vous **trouviez** un abri pour dormir.
d. Les nuages **passaient** dans le ciel.
e. Tu **restais** avec tes compagnons.

L'imparfait des verbes être et avoir

10 **a. J'** ou **Tu** avais
b. J' ou **Tu** étais
c. Ils/Elles étaient
d. J' ou **Tu** avais
e. Nous avions
f. Ils/Elles avaient
g. Vous étiez
h. Nous étions

11 **a.** Je n'**avais** plus le choix.
b. Nous **avions** mal au dos.
c. Vous **aviez** raison de continuer.
d. Il **avait** une seconde chance.
e. Elles **avaient** l'impression de réussir.

12 **a.** Tu **étais** tout en haut de l'échelle !
b. J'**étais** entre Émeline et Romain.
c. Ils **étaient** en pleine discussion.
d. Nous **étions** heureux de vous voir.
e. Elle **était** au bord du plongeoir.

L'imparfait des verbes irréguliers du 3e groupe

13 **a.** Hier soir, vous ne **voyions** pas bien la scène du spectacle.
b. Les danseuses **venaient** d'un pays étranger.
c. Je ne **pouvais** plus m'arrêter de rire.
d. Nous **allions** plus souvent en forêt, l'été dernier.
e. Jadis, tu **prenais** des photos avec un appareil spécial.

14 **a.** vouloir : tu **voulais**
b. pouvoir : nous **pouvions**
c. prendre : elles **prenaient**
d. faire : je **faisais**
e. dire : vous **disiez**
f. aller : j'**allais**
g. dire : il **disait**
h. faire : tu **faisais**
i. voir : ils **voyaient**
j. venir : nous **venions**

La formation du passé composé

15 j'ai grondé – nous avons continué – il a dévoré – elles ont creusé – il a observé – vous avez coupé – tu as sursauté

16 **a. Tu** as gagné le tournoi.
b. Ils/Elles ont déménagé cet été.
c. Il/Elle a frappé à la porte.
d. J'ai visité Londres.
e. Vous avez distribué des bonbons.

17 **a.** Tu **as** débranch**é** ton téléphone.
b. Nous **avons** envoy**é** un colis.
c. J'**ai** photographi**é** des oiseaux.
d. Il **a** demand**é** un nouveau cahier.
e. Il **a** escalad**é** cette montagne.

EXERCICES TRANSVERSAUX

18 Hier, j'ai marché dans la forêt. Les oiseaux **chantaient**. Le soleil **brillait**. C'**était** une belle journée !
Soudain, j'ai trouvé un nid. Il y **avait** des petits oisillons dedans. Ils **criaient**. Je n'y ai pas touché.
Demain, je leur [apporterai] du pain. Ainsi, ils n'[auront] plus faim.
N.B. : les verbes au futur ont été encadrés, les verbes à l'imparfait ont été mis en gras, les verbes au passé composé ont été soulignés.

19 **a.** Nous **plaisantions** au sujet de tout.
b. J'ai **poussé** les tables.
c. Ils **observeront** les insectes.
d. Tu **galopais** sur la plage.
e. Vous **visiterez** Paris.
f. Tu **as valsé** sur la piste.
g. Thomas **sera** un champion de judo.
h. Ils **respiraient** l'air frais de la montagne.

EXERCICES D'ÉCRITURE

20 Production libre

21 Production libre

1 L'ordre alphabétique

Manuel p. 126-127

Compétences : Connaître l'ordre alphabétique. Ranger des mots dans l'ordre alphabétique.

Autour de la notion

La connaissance de l'alphabet est à consolider en CE1. C'est un ordre précis qu'il faut connaître par cœur.
Pour ranger des mots dans l'ordre alphabétique, il est important d'attirer l'attention des élèves sur **la première lettre** dans un premier temps, puis sur **la deuxième**, et sur **la troisième**, etc.
Cette leçon est ainsi consacrée uniquement au rangement des mots dans l'ordre alphabétique par la comparaison de leur première lettre.

→ *Activité de manipulation*

Pratiquer oralement quelques exercices simples sur l'ordre alphabétique en demandant la lettre qui suit une lettre donnée, celle qui précède, etc.

→ *Points d'attention*

Même si certains élèves connaissent par cœur l'alphabet, cela ne veut pas dire qu'ils sont capables de reconnaître toutes les lettres. Cette leçon permet de vérifier et de consolider cette compétence.

→ *Pistes de différenciation ou remédiation*

Proposer en petits groupes les activités de manipulation.
Proposer des mots à ranger dans l'ordre alphabétique en utilisant la première lettre de ces mots.

Corrigés des activités

Découvrons et manipulons

Recherche en collectif à l'oral

1 Ce dessin représente notre alphabet.

2 L'alphabet compte 26 lettres.

3 Les lettres sont rangées dans l'ordre alphabétique.

4 Les mots associés à chaque lettre commencent par cette lettre.

Application en collectif à l'oral

5 Les lettres *l*, *m*, *n* suivent la lettre *k*.

6 **N O P** **I J K** **T U V** **E F G**

7 * **f**aon – girafe – **h**érisson – **i**guane – **j**aguar

Corrigés des exercices

Je m'entraîne

Connaître l'ordre alphabétique

8 * **a.** A **B C**
b. X **Y Z**
c. D **E F**
d. M **N O**
e. H **I J**
f. O **P Q**
g. U **V W**
h. G **H I**

9 * **a.** **L M** N
b. **W X** Y
c. **I J** K
d. **A B** C
e. **C D** E
f. **R S** T
g. **P Q** R
h. **H I** J

10 * **a.** A **B C** D
b. J **K L** M
c. I **J K** L
d. N **O P** Q
e. R **S T** U
f. W **X Y** Z

11 ** **a.** b – h – k – o
b. p – s – w – x
c. e – i – l – m
d. c – e – f – i
e. d – n – o – t

12 *** **a.** fromage – ~~soupe~~ – jambon – riz
b. ~~tulipe~~ – jonquille – marguerite – paquet
c. mur – ~~toit~~ – porte – volet
d. feuille – ~~papier~~ – gomme – trousse
e. clavier – ~~ordinateur~~ – écran – souris

Ranger des mots dans l'ordre alphabétique

13 * **a.** **a**rmoire– **b**aignoire – **c**uvette
b. **f**rite – **j**ardin – **r**adis
c. **l**ion – **o**urs – **t**igre
d. **a**lbum – **j**ournal – **m**agasin
e. **m**ère – **o**ncle – **p**ère

14 a. blanc – jaune – orange – rouge – vert
b. crêpe – fraise – glace – tarte – yaourt
c. coccinelle – guêpe – mouche – moustique

J'écris – Je m'exprime

15 À l'oral

16 aigle – belette – cerf – mouton – panda – paresseux – perroquet

À toi de jouer

T pour *trousse* et **C** pour *crabe*

Dictée

La première lettre de **l'alphabet** est un A et la dernière est un Z.
Les lettres M, N, O se suivent dans **l'ordre alphabétique**.

→ *Préparons la dictée*

Lire une première fois la dictée. Les élèves doivent rester attentifs et ne rien écrire .
Faire épeler les mots : *alphabet* et *alphabétique*.

Différenciation

→ *Remédiation : voir Photofiche Lexique 1R.*
→ *Entraînement : voir Photofiche Lexique 1E.*

Évaluation

→ *voir Photofiches Lexique Évaluation.*

2 La recherche d'un mot dans le dictionnaire

Manuel p. 128-129

Compétences : Savoir chercher un mot dans un dictionnaire.

Autour de la notion

Nous consacrons deux leçons à la découverte du dictionnaire qui permettront aux élèves de bien comprendre ce que l'on peut y trouver et comment l'utiliser.
Dans cette première leçon il est question de la recherche d'un mot, en se servant de la connaissance de **l'ordre alphabétique** abordé préalablement et des **mots repères** en haut de page pour trouver plus facilement et plus vite.
En cas de difficultés, il est primordial de relire à voix haute le « Je retiens », à la page 128 du manuel.

→ *Activité de manipulation*

Pratiquer la recherche rapide de mots dans le dictionnaire en utilisant les indices donnés par l'enseignant(e) et le mot repère situé en haut de la page.
Remarque : Pour ranger plus facilement des mots qui commencent par les mêmes lettres, il faut barrer ces lettres communes et ranger les mots d'après les lettres qui suivent : ~~bi~~**f**teck, ~~bi~~**j**ou, ~~bi~~**l**let, ~~bi~~**s**on, ~~bi~~**z**arre

→ *Points d'attention*

L'idéal est d'utiliser un dictionnaire identique pour toute la classe et d'en fournir un à chaque élève ou un pour deux. Il est bon dans un premier temps de laisser les élèves le feuilleter et le découvrir. (Le dictionnaire *Hachette Benjamin 5-8 ans*, © Hachette Livre, 2014 est recommandé.)

→ *Pistes de différenciation ou remédiation*

Reprendre en petits groupes les activités de manipulation.
Faire bien observer la page de dictionnaire reproduite en page 128 du manuel.

Corrigés des activités

Découvrons et manipulons

Recherche en collectif à l'oral

1 Tous les mots de cette page commencent par la lettre **b**.

2 **a)** Le mot *balayette*. C'est un mot « repère » qui permet de se situer dans le dictionnaire et de savoir si le mot que l'on cherche peut être dans cette page.
b) C'est le premier mot de la page.

3 On ne trouvera pas le mot *bille* dans cette page dont tous les mots commencent par *ba*.

4 La lettre **b** est encadrée en jaune dans la marge de la page car tous les mots commencent par la lettre **b** à cet endroit du dictionnaire.

Application en collectif à l'oral

5 **a.** un palmier
b. un hélicoptère
c. un renard

6 • *jaune* se trouve avant *vert*
• *girafe* se trouve avant *natation*
• *fusée* se trouve avant *rue*
• *citrouille* se trouve avant *hérisson*

Corrigés des exercices

Je m'entraîne

Utiliser l'ordre alphabétique dans le dictionnaire

7 * **a.** balle – bille – bulle
b. mouchoir – moule – moutarde
c. damier – date – daurade
d. gélule – genou – geste
e. rebord – récit – record

8 ** **a.** cirque – cité – citerne
b. plat – pli – plume
c. banal – banc – banque
d. crier – crime – crise
e. flocon – flore – flotteur
f. tanière – tante – tarte

9 ** **a.** poire – poisson – pomme – potage
b. perméable – permettre – poussette – poussière
c. baobab – billard – bistrot – bocal
d. fouet – foulard – fourchette – fourmi

10 *** **a.** paire – **paisible** – paix
b. palais – **palette** – palissade
c. pancarte – **panda** – panier
d. papa – **papeterie** – papillon
e. pardon – **paresse** – parfum

Savoir chercher un mot dans un dictionnaire

11 * **a. lettre b :** berger – bonjour – buvard
b. lettre g : gadget – guide – gradin
c. lettre k : kaki – képi – kilo
d. lettre a : autour – aussi – autant
e. lettre c : cheval – chien – chameau

12 ** clown – harpe – tabouret – taupe – réfrigérateur

J'écris – Je m'exprime

13 * Production libre

14 ** Production libre

À toi de jouer

Ces enfants ont peur d'un **cobra**.

Dictée

Il y a tant de mots dans un dictionnaire. On ne saurait pas trouver celui qu'on cherche si ces mots n'étaient pas rangés dans l'ordre alphabétique.

→ Préparons la dictée

Lire une première fois les mots pour vérifier que les élèves en connaissent le sens.
Ils doivent rester attentifs et ne rien écrire.
Faire épeler le mot *dictionnaire*.

Différenciation

→ Remédiation : voir Photofiche Lexique 2R.

→ Entraînement : voir Photofiche Lexique 2E.

Évaluation

→ voir Photofiches Lexique Évaluation.

3 L'article de dictionnaire

Manuel p. 130-131

Compétences : Chercher des informations dans un article de dictionnaire. Utiliser l'article de dictionnaire pour connaître le sens d'un mot.

Autour de la notion

En CE1, nous limitons les informations à rechercher dans le dictionnaire au **type de mot**, à son **genre**, à sa ou ses **définitions** selon un contexte précis, à un exemple d'utilisation dans une phrase pour chaque sens.
C'est seulement au CE2 que les renseignements complémentaires tels que la famille, les synonymes ou contraires seront abordés dans le cadre d'une recherche dans un dictionnaire.

→ Activités de manipulation

Faire observer les articles des mots *majuscule*, *aimant* et *tige* aux pages 130 et 131 du manuel.
Proposer des articles dans lesquels un mot peut avoir plusieurs définitions.
Écrire une phrase et faire chercher la définition d'un mot de cette phrase dans le dictionnaire.

→ Points d'attention

Avant de faire ce travail sur l'article du dictionnaire, il faut s'assurer que les élèves reconnaissent le type d'un mot (nom, verbe, pronom, mot invariable...) et son genre (masculin ou féminin).

→ Piste de différenciation ou remédiation

Afin de bien montrer que l'on peut trouver dans le dictionnaire le type d'un mot et son genre, faire écrire une liste de verbes, de noms masculins ou féminins, ou d'adjectifs rencontrés en feuilletant le dictionnaire.

Corrigés des activités

Découvrons et manipulons

Recherche en collectif à l'oral

1 Cet article de dictionnaire porte sur le mot *nuage*.

2 Le dictionnaire indique que ce mot est un nom.

3 Le dictionnaire indique que ce nom est au masculin. Le déterminant *un* indique que le nom *nuage* est au masculin.

4 La phrase en italique donne un exemple de l'utilisation du mot *nuage* dans une phrase.

Application en collectif à l'oral

5
- robot : nom
- éclairer : verbe
- nous : pronom

6
- fougère : féminin
- berceau : masculin
- igloo : masculin
- fuseau : masculin
- date : féminin
- cintre : masculin

7 Ligne courbe qui tourne sur elle-même.

Corrigés des exercices

Je m'entraîne

Chercher des informations dans un article de dictionnaire

8 * **aimant** (un) → (genre) (Nom)
Objet qui attire ce qui est en fer. → (Définition)
*La maîtresse a fixé une carte au tableau avec des **aimants**.* → (Exemple)
tige (une) → (genre) (Nom)
Partie allongée d'une plante, qui porte les feuilles et les fleurs. → (Définition)
*Les **tiges** des rosiers sont couvertes d'épines.* → (Exemple)

9 ** **a. une** idole
b. un pétale
c. un loir
d. une autoroute
e. une lyre
f. une oasis

Utiliser l'article de dictionnaire pour connaître le sens d'un mot

10 * **a. aigle :** Grand oiseau de proie.
b. herbe : Petite plante fine et verte.
c. fourche : Outil à long manche avec des dents.
d. falaise : Côte qui descend à pic dans la mer.
e. opticien : Personne qui vend des lunettes.

11 a. un **éclair**
b. une **ampoule**

12 **a.** jardin public : Les enfants sont partis jouer au square.
b. petit insecte noir : Le soir, j'entends le bruit aigu des grillons.
c. homme malhonnête : Cet escroc avait fabriqué de faux billets.

J'écris – Je m'exprime

13 Production libre

14 Production libre

À toi de jouer

- Barque allongée et légère : pirogue
- Grand singe d'Afrique : gorille
- Sorte de caravane : roulotte
- Petit signe qu'on met sous la lettre c : cédille
- Mystère : énigme

a	x	u	g	q	p	r	a	é
y	t	p	o	d	f	o	t	n
b	p	i	r	o	g	u	e	i
g	f	t	i	s	j	l	u	g
h	w	m	l	i	x	o	j	m
d	z	n	l	l	w	t	k	e
l	a	k	e	m	z	t	d	y
c	é	d	i	l	l	e	g	r

Dictée

dictée (une) (Nom) : Texte lu que l'on doit écrire sans modèle. En faisant une dictée on apprend l'orthographe des mots.

→ *Préparons la dictée*
Lire une première fois la dictée.
Les élèves doivent rester attentifs et ne rien écrire.
Ils doivent découvrir qu'il s'agit d'une définition de dictionnaire.
Rappeler comment elle est constituée : le mot, le genre du mot, le type de mot, la définition et l'exemple.

Différenciation

→Remédiation : voir Photofiche Lexique 3R.
→Entraînement : voir Photofiche Lexique 3E.

Évaluation

→voir Photofiches Lexique Évaluation.

4 Les synonymes et les antonymes

Manuel p. 132-133

Compétences : Identifier et utiliser les mots synonymes et les mots contraires.

Autour de la notion

Les mots sont dits **synonymes** lorsqu'ils peuvent être remplacés l'un par l'autre sans modification de sens de la phrase. Ils sont très nombreux en français à tel point que des dictionnaires entiers leur sont consacrés.
Les mots synonymes sont utilisés pour **définir** un mot, pour **éviter des répétitions** dans un texte ou pour **enrichir une phrase**.
Les **mots contraires** (ou antonymes) sont des mots qui ont un **sens opposé**.

Signaler au cours de la leçon que le synonyme ou le contraire d'un mot est toujours un mot de la **même classe grammaticale**.

→ *Activités de manipulation*
Lors de la lecture d'un texte, pointer un mot et demander aux élèves d'en donner **un synonyme ou un contraire**.
Dresser des listes de mots et faire associer les mots synonymes ou contraires.

→ Points d'attention

Les termes *synonyme* et *antonyme* ne font pas sens pour des élèves de CE1. Il est important de commencer la leçon par la lecture de sa définition dans le dictionnaire.
Les exercices pratiqués au cours de cette leçon doivent permettre aux élèves de mieux fixer le sens de ce mot d'autant qu'on ne parle pas encore d'homonyme ou d'antonyme, ce qui évite les confusions.

→ Piste de différenciation ou remédiation

Donner deux mots et demander si le second est un synonyme ou un contraire du premier.

Corrigés des activités

Découvrons et manipulons

Recherche en collectif à l'oral

1 **a)** tunnel : passage souterrain.
galerie : passage souterrain.
b) Les mots *tunnel* et *galerie* ont des définitions identiques.

2 **a)** petit : qui n'est pas de grande taille.
grand : qui est de haute taille.
b) Les mots *petit* et *grand* ont des définitions contraires.

3 Le contraire du mot *nuit* est *jour*.

Application en collectif à l'oral

4 un magasin / une boutique
avancer / progresser
jolie / belle

5 • descendre → monter
• poli → impoli
• une autorisation → une interdiction

Corrigés des exercices

Je m'entraîne

Identifier et utiliser les mots synonymes

6 * un vélo → une bicyclette
enlever → retirer
jouer → s'amuser
élégant → chic
une allée → un chemin

7 * **a.** C'est trop **simple** !
b. Il **découvre** un trésor.
c. Je **discute** tout le temps.
d. Le policier arrête une **automobile**.
e. Son sourire me rend **joyeux**.

8 ** **a. crier :** hurler – ~~roucouler~~ – brailler
b. un chat : un minet – un matou – ~~un moineau~~
c. aimable : ~~puissant~~ – gentil – agréable
d. une bêtise : une ânerie – ~~une crise~~ – une sottise

Identifier et utiliser les mots contraires

9 * faible / fort
le jour / la nuit
le début / la fin
perdre / gagner
bon / mauvais

10 ** **a.** Samir **ferme** la porte.
b. Le réservoir est **vide**.
c. Je **déteste** les épinards.
d. C'est mon **ami**.
e. Ma sœur est **droitière**.

11 *** **a.** mince / gros
b. jeune / vieux
c. lourd / léger

J'écris – Je m'exprime

12 * un synonyme de *démarrer* : *commencer*
un contraire de *démarrer* : *finir*

13 ** Production libre

À toi de jouer

La colle et les ciseaux

Dictée

Dans la ferme, il y a beaucoup d'animaux. Toutes les bêtes sont nourries trois plusieurs fois par jour.
Les poules sont bruyantes et les vaches sont silencieuses.

→ *Préparons la dictée*

Lire une première fois la dictée.
Les élèves doivent rester attentifs et ne rien écrire.
Dans les deux premières phrases faire remarquer les **mots synonymes** : *animaux, bêtes.* Demander quel est le type de ces mots.
Dans la troisième phrase faire remarquer les **mots contraires** : *bruyantes, silencieuses.* Demander quel est le type de ces mots.

Différenciation

→ Remédiation : voir Photofiche Lexique 4R.

→ Entraînement : voir Photofiche Lexique 4E.

Évaluation

voir Photofiches Lexique Évaluation.

5 Les mots-étiquettes

Manuel p. 134-135

Compétences : Identifier et utiliser les mots-étiquettes.

Autour de la notion

Les mots-étiquettes regroupent des noms appartenant au même **champ lexical**.
Ils ont un sens général contrairement aux noms qui les composent. Ces derniers sont dits **spécifiques**.
Cette leçon a pour objectif d'identifier, de distinguer ces noms et de les utiliser dans le cadre d'une phrase.

→ *Activités de manipulation*

Proposer à l'oral des mots-étiquettes et demander d'énoncer des **noms spécifiques**.
À l'inverse, proposer une liste de noms spécifiques et demander sous quel mot-étiquette ils peuvent être regroupés.

→ *Points d'attention*

Ce type de leçon est toujours l'occasion d'un grand brassage de vocabulaire. Il faut être vigilant et s'assurer que tous les mots utilisés font sens pour tous les élèves. Une lecture préalable de chaque exercice avant son exécution par eux et l'utilisation du dictionnaire sont recommandées.

→ *Pistes de différenciation ou remédiation*

Demander de dresser la liste des affaires de classe, des jeux de cour, des sports pratiqués par les élèves.
Proposer des listes de **noms spécifiques** à regrouper sous **un mot-étiquette** à deviner.

Corrigés des activités

Découvrons et manipulons

Recherche en collectif à l'oral

1 **a)** *Rose, rouge, orange, jaune* et *blanc* peuvent être regroupés sous le mot *couleurs.*
b) Le mot *couleurs* indique quelque chose en général.

2 *Vert, bleu, gris, marron* par exemple sont également des couleurs.

Application en collectif à l'oral

3
- un mois : janvier – février – mars
- un légume : un potiron – une aubergine – un chou
- un animal : un crapaud – un caméléon – un lévrier

4 un meuble : une armoire – une chaise – ~~un cuisinier~~ – une table
un jouet : une poupée – un puzzle – ~~un écouteur~~ – un ballon
un animal : un héron – une cigogne – une loutre – ~~un épouvantail~~

5 le ping-pong – la natation – le basket-ball – le football – l'athlétisme

Corrigés des exercices

Je m'entraîne

Identifier les mots-étiquettes

6 * **a.** Terre – Mars – Saturne : une planète
b. mardi – jeudi – samedi : un jour
c. guitare – piano – violon : un instrument
d. l'estomac – la langue – le cœur : un organe

7 ** **a.** une pie – un oiseau – un pigeon – un corbeau
b. la France – la Belgique – l'Espagne – un pays
c. le tennis – le judo – le sport – le handball
d. un nombre – trente et un – quinze – vingt

8 *** **a.** fruits **b.** commerces **c.** animaux

Utiliser les mots-étiquettes

9 *

un objet	un insecte	un métier
une lampe un réveil un livre un crayon	une sauterelle une coccinelle un bourdon	un charcutier un boulanger un libraire

10 * **a.** un chêne et un platane (un arbre)
b. un marteau et une scie (un outil)
c. une mouche et une abeille (un insecte)
d. un paquebot et une péniche (un bateau)

11 ** pyjama – caleçon – chaussettes – pantalon – chemise – pull – bonnet

J'écris – Je m'exprime

12 * **Suggestions** : métro – bus – autocar – train – avion – voiture – moto – vélo, etc.

13 ** **a.** Les poissons nagent dans la mer.
b. Jérémy trace une figure sur son cahier.

À toi de jouer

Ce sont toutes des habitations.

Dictée

Le foie, l'estomac, le cœur sont des organes du corps humain. Le tibia, le crâne, les vertèbres font partie de son squelette.

→ Préparons la dictée

Lire une première fois la dictée.
Les élèves doivent rester attentifs et ne rien écrire.
Faire épeler les mots génériques : *organe* et *squelette*.

Différenciation

→Remédiation : voir Photofiche Lexique 5R.
→Entraînement : voir Photofiche Lexique 5E.

Évaluation

voir Photofiches Lexique Évaluation.

6 Les familles de mots

Manuel p. 136-137

Compétences : Reconnaître et regrouper des mots d'une même famille. Compléter une famille de mots.

Autour de la notion

Au cours de cette leçon, nous étudierons la façon dont les mots sont construits : leur **structure** à partir d'un même radical.
Une famille de mots regroupe tous les mots qui ont **le même radical** (racine) : *le* ***sol****eil* – ***sol****aire* – *en****sol****eillement*.
Dans une famille de mots, tous les mots se rapportent à une **même idée**. Toutefois, contrairement aux synonymes, les mots d'une même famille peuvent appartenir à une **classe grammaticale différente**.

Noter que les mots dérivés que l'on forme avec un préfixe ou un suffixe ajouté au radical sont également des mots d'une même famille. *(Par exemple, terre : famille du mot enterrer, déterrer.)*
Pour savoir comment écrire un mot terminé par une lettre muette sans erreur, on peut essayer de trouver cette lettre en cherchant un mot de la même famille : *un bord, une bordure – le vent, un ventilateur...*

→ Activité de manipulation

Faire rechercher dans le dictionnaire des mots dont il est indiqué qu'il existe des mots de la même famille. Faire recopier ces mots et entourer le radical.

→ Points d'attention

L'article de dictionnaire indique souvent qu'il existe des mots de la même famille que le mot recherché.

Insister sur le fait que des mots **synonymes** ne sont pas des mots de la même famille. Ils se rapportent à une même idée mais n'ont pas de radical commun.

→ Piste de différenciation ou remédiation

Proposer de trouver l'intrus dans des mots de structure proche mais ne se rapportant pas tous à une même idée.

Corrigés des activités

Découvrons et manipulons

Recherche en collectif à l'oral

1 **a)** Ils ont le même radical *jardin* et des terminaisons différentes.

b) Ces mots appartiennent à la même famille car ils se rapportent à la même idée et ont le même radical.

c) Le mot **jardin**er est un mot de la même famille.

2 **a)** Ils ont le même radical *plant* et des terminaisons différentes.

b) Ces mots appartiennent à la même famille car ils se rapportent à la même idée et ont le même radical.

Application en collectif à l'oral

3 • un **chat**on – une **chat**te – une **chati**ère
• un **pays** – un **pays**an – un **pays**age
• **rich**e – la **rich**esse – en**rich**ir

4 • un jour – ~~une joue~~ – aujourd'hui – la journée
• ~~la chasse~~ – une chaussure – chausser – des chaussettes
• du lait – laitier – un laitage – ~~laid~~

Corrigés des exercices

Je m'entraîne

Reconnaître et regrouper des mots d'une même famille

5 * **a.** la **terr**e – **terr**estre – **terr**ien
b. une **goutte** – une **goutte**lette – é**goutte**r
c. un **chant** – un **chant**eur – **chant**er
d. un **saut** – **saut**er – **saut**iller
e. une **part** – **part**ager – ré**part**ir

6 ** voler – un vol – une volière
un poulet – une poule – un poulailler
un tableau – une tablette – une table

Compléter une famille de mots

7 * **a.** une roulade – une roulette – **rouler**
b. un dormeur – endormi – **dormir**
c. un plat – un plateau – **aplatir**
d. une feuille – un feuilleton – **feuilleter**
e. dur – la dureté – **durcir**

8 ** **Suggestions** : **a.** grand – agrandir – **agrandissement**
b. courir – un coureur – **course**
c. un séchoir – la sécheresse – **sécher**
d. la froideur – refroidir – **froid**
e. un encouragement – le courage – **encourager**

9 ** **a.** Le boulanger travaille dans une **boulangerie**.
b. Le libraire travaille dans une **librairie**.
c. Le cordonnier travaille dans une **cordonnerie**.
d. Le poissonnier travaille dans une **poissonnerie**.

10 ** **Suggestions** : **a.** un inventeur – une invention – inventer
b. une voile – la voilure – une voilette
c. un soigneur – un soin – soigner
d. une terre – enterrer – enterrement
e. un habitat – une habitation – habiter
f. compter – un compte – comptable
g. un sport – sportif – sportivement
h. un rang – ranger – rangement
i. laid – laideur – enlaidir
j. le dos – un dossier – endosser
k. le vent – un ventilateur – ventiler
l. marcher – marche – marché

J'écris – Je m'exprime

11 * **a. dent**
b. dentifrice
c. dentiste
Ils appartiennent à la famille du mot *dent*.

12 ** Production libre

À toi de jouer

• Je suis un mot de la famille de fleur.
• Je suis un métier.
• Je suis **un fleuriste**.

Dictée

Il a neigé toute la nuit. Mon père déneige l'allée.
La neige continue de tomber à gros flocons.

→ *Préparons la dictée*

Lire une première fois la dictée. Les élèves doivent rester attentifs et ne rien écrire.
Demander quels mots entendus font partie d'une même famille. Écrire ces mots au tableau, faire entourer leur radical commun puis les effacer.

Différenciation

→ *Remédiation : voir Photofiche Lexique 6R.*
→ *Entraînement : voir Photofiche Lexique 6E.*

Évaluation

voir Photofiches Lexique Évaluation.

7 Les niveaux de langue

Manuel p. 138-139

Compétences : Connaître les différents niveaux de langue et les utiliser.

Autour de la notion

Cette leçon permet de sensibiliser les élèves aux différents niveaux de langue : courant, familier ou soutenu. Dans chaque niveau de langue on utilise des tournures de phrases et un vocabulaire particuliers.
Il s'agit de montrer que l'on ne s'adresse pas à toutes les personnes de la même façon.
Qui peut-on tutoyer ? Qui doit-on vouvoyer ? Comment doit-on s'exprimer ? Quels mots peut-on utiliser ? Qu'est-ce que le respect ?
Cette leçon ouvre des pistes pour un travail dans le domaine du « Vivre ensemble ». (Enseignement moral et civique)
« Adapter sa tenue, son langage et son attitude au contexte scolaire ; se situer et s'exprimer en respectant les codes de la communication orale, les règles de l'échange et le statut de l'interlocuteur. » (Programmes 2018)

→ *Activités de manipulation*

Proposer des phrases de niveaux de langues différents. Faire identifier ces niveaux et demander à qui peut s'adresser chaque phrase.
Proposer une phrase de niveau de langue familier ou soutenu et la faire transposer en niveau de langue courant.

→ *Points d'attention*

Les élèves de CE2 peuvent identifier le langage soutenu mais ils ont de grandes difficultés à le produire. Ils peuvent cependant se familiariser avec les formules de politesse.

→ *Piste de différenciation ou remédiation*

Relever des phrases prononcées en langage familier par les élèves. Demander de prononcer ces phrases en langage courant, en changeant le vocabulaire et les tournures de phrases adéquates selon la personne à qui on s'adresse.

Corrigés des activités

Découvrons et manipulons

Recherche en collectif à l'oral

1 Les deux textes veulent dire la même chose mais ils ne sont pas écrits de la même façon.

2 **a)** Un *zozo* est un personnage bizarre. Un *galurin* est un chapeau.
b) On peut remplacer le mot *zozo* par le mot *individu* ou *personne*. On peut remplacer le mot *galurin* par le mot *chapeau*.

3 **a)** *L'était* est une contraction de *Il était* et *voilàtipas* est une façon d'exprimer son étonnement en langage familier.
b) *voilàtipas* peut être remplacé par *c'est alors que*.

4 Pour exemple :
Il était un peu plus de midi quand je suis monté dans le bus de la ligne S. Je monte donc, je paye ma place comme il le faut, et c'est alors que je remarque un individu l'air bizarre, avec un cou aussi long qu'un télescope et une sorte de ficelle autour du chapeau.
« Mon texte semble plus correct ».

5 Le texte 1 est rédigé en langage familier. Le texte 2 est rédigé en langage soutenu. « Mon texte » est en langage courant.

Application en collectif à l'oral

6 Peux-tu me rendre mon livre s'il te plaît* ?
Cette phrase s'adresse à un(e) camarade.

Corrigés des exercices

Je m'entraîne

Connaître les différents niveaux de langue

7 * **b.** Le temps tourne à l'orage.
d. Viendras-tu me voir en fin d'après-midi ?
e. Il attend notre retour avec impatience.

8 * **a.** Je vous remercie infiniment de m'avoir raccompagnée.
e. Pourriez-vous m'indiquer l'heure, s'il vous plaît* ?

9 * **a.** Tu as vu le super match des Bleus ?
c. File-moi un carré de chocolat, je crève de faim !

10 ** **a.** un(e) camarade
b. un parent
c. un professeur.
d. un parent
e. un(e) camarade
f. un professeur.

Utiliser les différents niveaux de langue

11 ** Il a filé. → Il est parti.
pote → copain
Il se marre. → Il rit.
boulot → travail
trouille → peur

J'écris – Je m'exprime

12 * **a.** Dépêche-toi, on va être en retard !
b. Vous habitez à côté de chez nous.
c. C'est un enfant très gentil.
d. Arrêtez de m'embêter !

13 *** Production libre

À toi de jouer

Une automobile et un ouvrage.

Dictée

En classe, nous devons être respectueux les uns avec les autres. Le maître veut que nous levions le doigt avant de parler et il est interdit de dire des gros mots !

→ Préparons la dictée

Lire une première fois la dictée. Les élèves doivent rester attentifs et ne rien écrire. Revenir sur ces petites règles de vie en classe et demander aux élèves pourquoi il est important de les respecter.

Différenciation

→ Remédiation : voir Photofiche Lexique 7R.
→ Entraînement : voir Photofiche Lexique 7E.

Évaluation

voir Photofiches Lexique Évaluation.

Je réinvestis mes connaissances

Manuel p. 140-141

Les 15 premiers exercices proposés reprennent chacune des notions étudiées au cours de ce module.
Les 5 derniers exercices transversaux et d'écriture proposés brassent les notions étudiées.

Exercices	Compétences traitées
Exercice 1	Connaître l'ordre alphabétique. Ranger des mots dans l'ordre alphabétique.
Exercice 2	Connaître l'ordre alphabétique. Ranger des mots dans l'ordre alphabétique.
Exercice 3	Connaître l'ordre alphabétique. Ranger des mots dans l'ordre alphabétique.
Exercice 4	Connaître l'ordre alphabétique. Ranger des mots dans l'ordre alphabétique.
Exercice 5	Savoir chercher un mot dans le dictionnaire.
Exercice 6	Savoir chercher un mot dans le dictionnaire.
Exercice 7	Chercher des informations dans un article de dictionnaire. Utiliser l'article de dictionnaire pour connaître le sens d'un mot.
Exercice 8	Chercher des informations dans un article de dictionnaire. Utiliser l'article de dictionnaire pour connaître le sens d'un mot.
Exercice 9	Identifier et utiliser les mots synonymes et les antonymes.
Exercice 10	Identifier et utiliser les mots synonymes et les antonymes.
Exercice 11	Identifier et utiliser les mots synonymes et les antonymes.
Exercice 12	Identifier et utiliser les mots-étiquettes.
Exercice 13	Identifier et utiliser les mots-étiquettes.
Exercice 14	Reconnaître et regrouper des mots d'une même famille. Compléter une famille de mots.
Exercice 15	Connaître les différents niveaux de langue et les utiliser.
	Exercices transversaux
Exercice 16	Les exercices transversaux utilisent les compétences précédemment travaillées : l'ordre alphabétique / les synonymes et les antonymes.
Exercice 17	Les exercices transversaux utilisent les compétences précédemment travaillées : les synonymes et les antonymes / l'article de dictionnaire.
Exercice 18	Les exercices transversaux utilisent les compétences précédemment travaillées : les mots-étiquettes / l'ordre alphabétique.
Exercice 19	Les exercices d'écriture utilisent les compétences précédemment travaillées : les synonymes et les antonymes.
Exercice 20	Les exercices d'écriture utilisent les compétences précédemment travaillées : les niveaux de langue.

L'ordre alphabétique

1 **a.** H **I** **J**
b. P **Q** **R**
c. F **G** **H**
d. O **P** **Q**
e. W **X** **Y**
f. K **L** **M**
g. B **C** **D**
h. G **H** **I**

2 **a.** **B** **C** D
b. **E** **F** G
c. **O** **P** Q
d. **A** **B** C
e. **I** **K** L
f. **S** **T** U
g. **F** **G** H
h. **R** **S** T

3 **a.** brebis – crocodile – dromadaire – éléphant
b. chemise – pantalon – tricot – veste
c. marteau – pince – rabot – tournevis
d. justice – portique – sirop – voile
e. fesse – fête – feutre – février

4 **Suggestions** : **a.** basket – **escrime** – judo
b. cuisine – entrée – **salon**
c. abeille – guêpe – **moustique**
d. aigle – **faucon** – vautour
e. betterave – carotte – **endive**

La recherche d'un mot dans le dictionnaire

5 **a.** [artichaut] / aspirateur
b. bravo / [bras]
c. parfum / [parfait]
d. fade / [facteur]
e. [humeur] / humour
f. femme / [félin]

6 **a.** calcul – **calme** – canapé
b. piranha – **pivert** – plaire
c. sprint – **stop** – stylo
d. foudre – **fourmi** – fourrure
e. repousser – **requin** – respect

L'article de dictionnaire

7 * **timbre** (un = genre) (Nom)
Petit morceau de papier que l'on colle sur une lettre ou un colis pour pouvoir l'envoyer par la poste. (Définition)
Quentin vient de commencer une collection de **timbres**. *(Exemple)*

8 ** wagon → voiture d'un train
boire → avaler du liquide
refuge → endroit où l'on est à l'abri
facile → qui est sans difficulté
croc → dent pointue d'un animal

Les synonymes et les antonymes

9 * **a.** un château : un palais **d.** un trou : un creux
b. le milieu : le centre **e.** une part : un morceau
c. aimer : adorer

10 ** **a.** Samuel **monte** l'escalier.
b. Cet animal ne sort que le **jour**.
c. Je suis plus **lourd** que toi.
d. C'est un exercice **facile**.
e. Elle porte un collier de **vrais** diamants.

11 *** riche → fortuné → pauvre
chaud → bouillant → glacé
une montée → une escalade → une descente
une victoire → un succès → un échec
chercher → explorer → trouver

Les mots-étiquettes

12 * **a.** français – mathématiques – anglais : une matière
b. l'Atlantique – le Pacifique – Indien : un océan
c. un hérisson – une tortue – un ours : un animal
d. un sirop – un comprimé – une pommade : un médicament
e. un fruit – un gâteau – une glace : un dessert

13 ** Blanche Neige entra dans la **salle à manger**. Elle vit une grande *table* avec sept petites *chaises*.
Dans la **cuisine**, il y avait un grand *buffet*. Dans la **chambre**, elle découvrit sept petits *lits*, une grande *armoire* et un grand *coffre*.

N.B. : les mots pouvant être regroupés sous le mot-étiquette *pièce* ont été mis en gras, et les mots pouvant être regroupés sous le mot-étiquette *meuble*, ont été mis en italique.

Les familles de mots

14 * **a.** un gardien – une garderie – un garde
b. un chasseur – chasser – la chasse
c. un campeur – un camping – un camp
d. un ventilateur – un éventail – le vent
e. un jouet – déjouer – rejouer
f. Les niveaux de langue

Les niveaux de langue

15 * **a.** embouteillage (courant)
b. matou (familier)
c. confiserie (soutenu)
d. trouillard (familier)
e. se hâter (soutenu)
f. vieux (courant)

EXERCICES TRANSVERSAUX

16 ** derrière – haut – plus – toujours
haut → bas plus → moins
derrière → devant toujours → jamais

17 ** monter /grimper : aller de bas en haut
bateau / navire : véhicule sur l'eau
livre / bouquin : pages imprimées et reliées
casser / briser : mettre en morceaux
bizarre / étrange : curieux

18 *** **a.** un légume : artichaut – concombre – navet
b. un animal : cheval – girafe – lapin
c. un pays : Brésil – France – Japon

EXERCICES D'ÉCRITURE

19 * Production libre

20 ** Production libre

8 Se repérer dans le temps

Manuel p. 142-143

Compétences : Connaître et utiliser les mots pour se repérer dans le temps. Mettre des événements dans l'ordre chronologique.

Autour de la notion

Parmi les attendus du cycle 2 dans le domaine « Questionner le temps », nous retenons qu'au CE1 les élèves doivent se repérer dans le temps qui passe et mesurer des **durées**. Ils situent et ordonnent quelques **événements** quotidiens, hebdomadaires, récurrents.
Ils comprennent les différents aspects du temps qui passe : **continuité** et **succession**, **antériorité** et **postériorité**, **simultanéité**. Ils mémorisent quelques **repères chronologiques**.

Cette leçon permet de **renforcer le vocabulaire précis** et de se repérer dans le temps.

→Activité de manipulation

Proposer d'ordonner les jours de la semaine, les mois de l'année, les saisons, présentés sous forme d'étiquettes. Puis les faire mémoriser dans l'ordre chronologique.

→Points d'attention

Cette leçon est complétée par un travail sur les divers supports qui permettent la représentation du temps : le calendrier, la frise chronologique et l'emploi du temps.

→Piste de différenciation ou remédiation

Pratiquer en petits groupes les activités de manipulation.

Corrigés des activités

Découvrons et manipulons

Recherche en collectif à l'oral

1 **a)** Le jour est la période pendant laquelle le soleil éclaire la terre. La nuit est la période pendant laquelle le soleil n'éclaire pas la terre.

b) Le jour apparaît quand le soleil se lève.

c) La nuit tombe quand le soleil se couche.

d) Une journée dure vingt-quatre heures.

2 **a)** Ces mots indiquent des moments de la journée.

b) Ces mots sont dans l'ordre chronologique : le petit-déjeuner se prend avant le déjeuner, le déjeuner se prend avant le dîner.

Application en collectif à l'oral

3 le petit-déjeuner – le déjeuner – le goûter – le dîner

4 le jour → la nuit
le matin → le soir
le début → la fin

Corrigés des exercices

Je m'entraîne

Utiliser les bons mots pour se repérer dans le temps

5 * le midi → l'après-midi
la nuit → le jour
l'été → l'automne
lundi → mardi
aujourd'hui → demain

6 ** **a.** Aujourd'hui, nous sommes jeudi. Demain, nous serons **vendredi**.

b. Hier, c'était samedi. Aujourd'hui, nous sommes **dimanche**.

c. Après-demain, ce sera samedi. Aujourd'hui, nous sommes **jeudi**.

d. La veille de jeudi est **mercredi**.

e. Le premier jour d'école de la semaine est le **lundi**.

7 ***

le passé	le présent	le futur
hier avant plus tôt	aujourd'hui maintenant tout de suite	demain après plus tard

Connaître l'ordre chronologique

8 * lundi – mardi – mercredi – jeudi – vendredi – samedi – dimanche

9 ** janvier – février – mars – avril – mai – juin – juillet – août – septembre – octobre – novembre – décembre

10 ** Tous les jours, **après** les applaudissements, le clown retourne dans sa loge. **D'abord** il se démaquille.
Ensuite, il enlève son costume. **Enfin**, il rentre chez lui.

J'écris – Je m'exprime

11 * Production libre

12 * Production libre

À toi de jouer

d. La plantation
b. La jeune pousse
a. L'arrosage
c. La floraison

Dictée

Tous les samedis après-midi, je vais à la piscine. Ensuite, je rentre chez moi. Pour finir la journée, je joue au ballon dans le jardin jusqu'à la tombée de la nuit.

→Préparons la dictée

Lire une première fois la dictée.
Les élèves doivent rester attentifs et ne rien écrire.
Faire dire quels sont les mots qui indiquent le temps qui passe dans ce texte.

Différenciation

→Remédiation : voir Photofiche Lexique 8R.

→Entraînement : voir Photofiche Lexique 8E.

Évaluation

voir Photofiches Lexique Évaluation.

9 Se repérer dans l'espace

Manuel p. 144-145

Compétences : Connaître et utiliser les mots pour se repérer dans l'espace.

Autour de la notion

Cette leçon a pour objectif de rappeler les mots précis utilisés pour indiquer des **positions dans l'espace**.
À ce stade du cycle 2, les élèves doivent se **repérer dans un espace autocentré**.
Il s'agit d'une approche pour amener les élèves à se représenter l'espace à échelle plus grande comme la rue ou le quartier.
Par ailleurs, cette leçon les familiarise avec **les outils pour se repérer**, à savoir **les plans**, **les maquettes** ou **les cartes**.

→ *Points d'attention*

Cette leçon fait écho au travail à mener en géométrie au CE1.

Il est primordial que les professeurs utilisent un langage de l'espace précis et adapté afin d'encourager les élèves à l'employer à leur tour.

→ *Activité de manipulation*

En EPS on utilise en situation le vocabulaire de position. Créer des parcours et faire dire aux élèves quelle est leur position par rapport aux objets.
Nommer aussi les types de déplacements : avancer, reculer, tourner à droite/à gauche, monter, descendre...

Corrigés des activités

Découvrons et manipulons

Recherche en collectif à l'oral

1 **a)** Julie se cache sous son bureau.
b) Anne et Thomas se cachent dans l'armoire.

2 **a)** Julie montre le haut du tableau.
b) Le <u>bas</u> du tableau.

3 Le contraire du mot *intérieur* est *extérieur*.

Application en collectif à l'oral

4
- à gauche → à droite
- au-dessus → en dessous
- sur → sous
- près → loin
- en haut → en bas
- dedans → dehors

5
- le panda est entre le renard et la girafe
- l'éléphant est à gauche du lion sur l'image.
- le lion est à droite de l'éléphant sur l'image.

Corrigés des exercices

Je m'entraîne

Utiliser les bons mots pour se repérer dans l'espace

6 * **a.** sur / sous
b. devant / derrière
c. dans / dehors
d. en dessous / au-dessus

7 ** **a.** Il marche <u>entre</u> les deux rangées de palmiers.
b. Au cinéma je suis assis <u>à côté</u> de toi.
c. Il reste <u>près</u> de sa maman pour avoir chaud.
d. Tu m'attendras <u>en bas</u> de l'escalier.
e. La colombe est <u>à l'intérieur</u> du chapeau du magicien.

8 ** **a.** L'avion vole **au-dessus** de Marseille.
b. Les élèves entrent **dans** la classe.
c. Il attend sa mère **devant** la boulangerie.
d. J'ai posé mon cartable **sous** ma table.
e. Il habite trop **loin** pour nous rejoindre.

9 *** **a.** Je suis un dessin qui représente un ou des pays en plus petit : une **carte**.
b. Je suis un modèle réduit d'une pièce ou d'un quartier : une **maquette**.
c. Je suis un dessin qui montre un espace vu du dessus : un **plan**.

J'écris – Je m'exprime

10 * Production libre

11 ** Production libre

À toi de jouer

Moi	Jérémy
Faustine	Sarah

Faustine est assise derrière moi.

Dictée

Vous avez eu du mal à me retrouver. Je m'étais cachée sous le banc, au fond de la cour, derrière le petit muret qui se trouve à droite du grand marronnier.

→ ***Préparons la dictée***

Lire une première fois la dictée. Les élèves doivent rester attentifs et ne rien écrire.
Faire relever tous les mots qui indiquent une position dans ce texte. Les écrire au tableau.

Différenciation

→ *Remédiation : voir Photofiche Lexique 9R.*

→ *Entraînement : voir Photofiche Lexique 9E.*

Évaluation

→ *voir Photofiches Lexique Évaluation.*

10 Décrire une image

Manuel p. 146-147

Compétences : Connaître et utiliser les mots pour décrire une image.

Autour de la notion

Les élèves sont souvent confrontés aux images au cours de leurs lectures. Il est donc important qu'ils aient des outils pour mieux les comprendre. En CE1, on demandera surtout aux élèves d'**observer** attentivement l'image dans le but de la **décrire**. Dans cette leçon, il est ainsi question d'organiser les nombreuses **informations** que l'on y trouve. Il s'agit tout d'abord d'**une présentation générale** : **le type d'image**, ce qu'elle **représente**, éventuellement **sa source**. Ensuite il faut être capable d'**identifier le sujet principal** et les autres éléments qui composent le dessin ou la photographie.

Il est également intéressant d'étudier **les couleurs utilisées**. En effet, celles-ci participent à l'ambiance de l'image. Enfin **le vocabulaire permettant de se repérer** (le premier plan, l'arrière-plan, la droite, la gauche, le centre...) est lui aussi abordé.

→ ***Points d'attention***

Il est possible de faire un lien avec l'enseignement artistique en demandant à quelle(s) autre(s) image(s) elle fait penser, le but ou les pensées des personnages, ainsi que les émotions que l'on ressent en regardant l'image.

Corrigés des activités

Découvrons et manipulons

Recherche en collectif à l'oral

1 Cette image représente un homme qui nage sous l'eau avec des poissons colorés.

2 **a)** Le personnage principal est sous l'océan.
b) Il explore les fonds marins.
c) Tout autour de lui, il y a des poissons.

3 **a)** À droite de l'image, on peut voir des algues et du corail.
b) À gauche de l'image, il y a un gros poisson violet.
c) En bas de l'image, on peut voir du corail rouge.

4 La couleur principale dans cette image est le bleu.

Application en collectif à l'oral

5 au premier plan → devant
au second plan → derrière
au dernier plan → au fond

Corrigés des exercices

Je m'entraîne

Utiliser les bons mots pour décrire une image

6 * **a.** un portrait
b. un paysage
c. une nature morte
d. un tableau

7 * Cette image est **un dessin**. Elle représente **une scène** de cirque. Au premier plan, il y a **un chat noir et un chien blanc**. Au fond, il y a **des lions** et **des éléphants**. La couleur principale est **l'orange**.

J'écris – Je m'exprime

8 * Production libre

9 ** Production libre

Dictée

Hicham regarde une photo en noir et blanc. C'est un portrait de famille. Des adultes et des enfants posent dans un jardin fleuri, devant une vieille maison.

→ *Préparons la dictée*

Lire une première fois la dictée. Les élèves doivent rester attentifs et ne rien écrire.

Différenciation

→ *Remédiation : voir Photofiche Lexique 10R.*

→ *Entraînement : voir Photofiche Lexique 10E.*

Évaluation

→ *voir Photofiches Lexique Évaluation*

11 Poser une question

Manuel p. 148-149

Compétence : Savoir poser des questions.

Autour de la notion

Pour poser une question à l'oral, les élèves utilisent déjà des phrases interrogatives. On s'appuiera sur leurs connaissances intuitives pour cette leçon. Les phrases interrogatives peuvent commencer par l'expression « Est-ce que » ou par un **mot interrogatif**. Toutefois, les élèves connaissent plus rarement **l'inversion du sujet et du verbe**. Dans le cadre de cette leçon, l'accent sera mis sur l'apprentissage du sens des mots interrogatifs afin qu'ils soient utilisés à bon escient.

→ *Points d'attention*

À l'oral, l'intonation d'une interrogation est caractéristique. Veiller à ce que les élèves mettent bien le ton quand ils posent une question.

Quand les élèves posent des questions à l'oral, il faut vérifier que la syntaxe est correcte. Si elle a besoin d'être corrigée, dire ce qui ne va pas et ne pas hésiter à demander aux élèves de reposer la question.

Corrigés des activités

Découvrons et manipulons

Recherche en collectif à l'oral

1 La phrase « Où vas-tu, tortue de mer ? » est une question. On la reconnaît grâce au mot interrogatif *où* et au point d'interrogation.

2 La phrase « Qui es-tu ? » est une question.

3 **a)** Le verbe se trouve juste avant le pronom sujet.
b) Le sujet est après le pronom sujet.

4 « Quelqu'un t'attend-il là-bas ? »
La question commence par *quelqu'un*.

Application en collectif à l'oral

5 À l'oral

6
- Voulez-vous un dessert ?
- Joues-tu d'un instrument de musique ?
- Connaissez-vous cette chanson ?

Corrigés des exercices

Je m'entraîne

Savoir poser une question

7 * **b.** Repart-elle maintenant ?
d. Est-ce qu'elle va rencontrer des animaux ?
e. Combien d'œufs peut-elle pondre ?

8 * **a.** Est-ce que le taxi est arrivé ?
b. Est-ce que tu as aimé ce film ?
c. Connaissez-vous le menu de la cantine ?
d. Où achetez-vous vos fleurs ?
e. Quel jour viendrez-vous à Lille ?

9 a. **Où** sont mes lunettes ?
b. **Où** va cet avion ?
c. **Quand/Où** fêteras-tu ton anniversaire ?
d. **Où** vivent les gorilles ?
e. **Quand** l'hiver commencera-t-il ?

10 a. **Combien** coûte cet ordinateur ?
b. **Pourquoi** es-tu content ?
c. **Quand** rentrez-vous à la maison ?
d. **Comment** as-tu gagné toutes ces billes ?
e. **Où** vont les oiseaux migrateurs ?

11 a. **Où** allez-vous ?
b. **Qui** fait du bateau ?
c. **Quand** pars-tu ?
d. **Combien** d'argent a-t-il ?

12 a. Prenez-vous les clés de la maison ? Est-ce que vous prenez les clés de la maison ?
b. Ramasse-t-il des coquillages ? Est-ce qu'il ramasse des coquillages ?
c. Mange-t-elle des tartines ? Est-ce qu'elle mange des tartines ?
d. Êtes-vous en vacances ? Est-ce que vous êtes en vacances ?
e. As-tu un cadeau pour ta fête ? Est-ce que tu as un cadeau pour ta fête.

J'écris – Je m'exprime

13 Production libre

14 Production libre

À toi de jouer

Qu'est-ce que tu es en train de faire ?
(caisse – queue – tu – haie – an – train – deux – fer)

Dictée

Qui est caché sous la couverture ? C'est Costa ! Que fait-il ? Il lit un livre avec sa lampe de poche. Pourquoi ? Il désire être tranquille.

→ ***Préparons la dictée***

Lire une première fois les mots pour vérifier que les élèves en connaissent bien le sens.
Les élèves doivent rester attentifs et ne rien écrire.

Différenciation

→ *Remédiation : voir Photofiche Lexique 11R.*

→ *Entraînement : voir Photofiche Lexique 11E.*

Évaluation

→ *voir Photofiches Lexique Évaluation.*

12 Répondre à une question

Manuel p. 150-151

Compétence : Savoir répondre à des questions.

Autour de la notion

Cette leçon est indissociable de la précédente. Ici, on demandera aux élèves de **formuler une réponse** en produisant **une phrase avec un sujet et un verbe**. Dans la majorité des cas, la réponse s'écrira en réutilisant les mots de la question.
Pour que les élèves puissent répondre correctement à une question, ils doivent connaître **le sens des mots interrogatifs** et quelles réponses sont attendues :

- Où : un lieu ;
- Quand : un moment de la journée, une date ou une époque ;
- Combien : un nombre, une quantité ;
- Qui : une personne ;
- Pourquoi : une cause, une explication ;
- Comment : une manière de faire, un moyen.

→ Points d'attention

Les élèves rencontrent également des questions dans d'autres matières, en particulier les problèmes mathématiques. On peut travailler sur la spécificité des questions et des réponses en mathématiques.

→ Piste de différenciation ou remédiation

Il est intéressant de faire le processus inverse : poser une question à partir de la réponse.

Corrigés des activités

Découvrons et manipulons

Recherche en collectif à l'oral

1 La question est « Qu'est-ce que vous faites par ici ? ». La réponse est « On découvre le monde. ».

2 **a)** La phrase en vert répond à la question « qui es-tu ? ».
b) Le mot interrogatif auquel elle répond est « qui ».

3 **a)** La phrase en bleu répond à la question « Veux-tu jouer avec nous ? »
b) On peut répondre : « Oui, je veux bien jouer avec vous. » ou « Non, je ne veux pas jouer avec vous. »

Application en collectif à l'oral

4 • Où se cache le chat ?
Il se cache derrière la bibliothèque.
• Que font les deux oursons ?
Ils se promènent sur le chemin.
• Combien y a-t-il de pommes dans le sac ?
Il y a cinq pommes dans le sac.

Corrigés des exercices

Je m'entraîne

Savoir répondre à des questions

5 * **a.** Ce magasin est sur la place du marché.
b. Ce bouquet coûte dix euros.
c. Je viendrai jouer après le goûter.
d. Paloma et John jouent dans ce film.
e. Ils prennent des cours de judo.

6 * **a.** Combien le Petit Poucet a-t-il de frères ? **5.** Il a six frères.
b. Comment retrouve-t-il son chemin ? **3.** Il retrouve son chemin grâce aux cailloux.
c. Où le Petit Poucet est-il perdu ? **1.** Il est perdu dans la forêt.
d. Que portent les frères sur la tête ? **4.** Ils portent tous des bonnets.
e. Qui vit dans la maison de la forêt ? **2.** Un ogre vit dans la maison de la forêt.

7 ** **a.** Quand irez-vous à Madrid ?
Nous irons à Madrid <u>dans une semaine</u>.
b. Qui est malade aujourd'hui ?
<u>Ma sœur</u> est malade aujourd'hui.
c. Où se trouve le chat ?
Le chat dort <u>près de la cheminée</u>.
d. Comment est ta soupe ?
Ma soupe est <u>trop chaude</u>.

8 *** **a.** Où habitez-vous ? J'habite dans un immeuble.
b. Que fait ta maman ? Ma maman fait un gâteau au chocolat.
c. Quel jour font-ils du sport ? Ils font du sport le samedi.
d. Qu'attend-elle ? Elle attend l'autobus.

J'écris – Je m'exprime

9 * **Suggestions** : **a.** On voit un skieur sur la photographie.
b. Il descend des pistes de ski.
c. Cela se passe en hiver.

10 ** Production libre

À toi de jouer

Réponse à la devinette : la langue.

Dictée

« Comment nous rejoindras-tu en vacances ?
– Je vous rejoindrai en prenant l'avion.
– Qui le prendra avec toi ?
– Mes parents et mon frère seront avec moi. »

→ *Préparons la dictée*

Lire une première fois la dictée pour vérifier que les élèves en connaissent bien le sens.
Les élèves doivent rester attentifs et ne rien écrire.

Différenciation

→*Remédiation : voir Photofiche Lexique et expression 12R.*
→*Entraînement : voir Photofiche Lexique et expression 12E.*

Évaluation

→*voir Photofiches Lexique et expression Évaluation.*

13 Se présenter, se décrire

Manuel p. 152-153

Compétences : Connaître et utiliser les mots pour se présenter et se décrire.

Autour de la notion

Se présenter et se décrire c'est **donner des informations sur soi**. On veillera à utiliser **le vocabulaire** pour décrire les différentes parties du corps mais aussi des mots pour exprimer **l'allure et la corpulence**. C'est l'apport d'**adjectifs précis** (plus rarement de compléments du nom) qui permettra de faire un portrait fidèle.

→ *Point d'attention*

Si on demande aux élèves de se décrire, préciser que ce qu'ils diront doit rester vrai une semaine plus tard par exemple. Ici, il n'est pas question d'informations vestimentaires mais de caractéristiques physiques.

→ *Pistes de différenciation ou remédiation*

Pour aller plus loin, travailler sur le vocabulaire des liens familiaux (parents, fratrie etc.).
On peut également compléter la présentation par le caractère et les centres d'intérêt de la personne décrite.

Corrigés des activités

Découvrons et manipulons

Recherche en collectif à l'oral

1 **a)** Alice et Martin sont deux jumeaux.
b) Il y a une fille et un garçon. On le sait grâce à leurs prénoms, les adjectifs utilisés (masculin ou féminin) et l'illustration.

2 Les mots en rouge concernent le visage et les cheveux des personnages.

3 Les mots en vert décrivent la silhouette des personnages.

4 Alice et Martin ne se ressemblent pas : les mots en couleur utilisés pour décrire les deux personnages sont opposés.

Application en collectif à l'oral

5 Je suis une fille / un garçon.
J'ai sept ans.
Je m'appelle Zoé / Liam.

6

le visage	le corps
des cheveux longs – des yeux noirs – les lèvres fines – le nez en trompette	dodu – les longues jambes – mince – des petits pieds – la peau mate

Corrigés des exercices

Je m'entraîne

Connaître et utiliser les mots pour se présenter

7 * Production individuelle

Connaître et utiliser les mots pour se décrire

8 * **a.** un visage joufflu
b. un visage allongé
c. un visage creusé
d. un visage ridé

9 ** Pauline est très **petite**. Elle a les cheveux **noirs, courts** et **bouclés**. Elle a des **grands** yeux **verts** et un nez **pointu**.

10 *** **a.** ~~fin~~ – robuste – costaud – massif
b. bouclé – frisé – ondulé – ~~raide~~
c. joli – ~~laid~~ – magnifique – ravissant
d. laid – moche – vilain – affreux – ~~beau~~
e. maigre – mince – élancé – ~~trapu~~

J'écris – Je m'exprime

11 * Production libre

12 ** Production libre

À toi de jouer

Il s'agit du personnage **d**.

Dictée

Ce magicien est un homme grand et maigre. Ses cheveux sont gris et il porte une longue barbe. Il a des yeux bleus et pétillants de malice. Il s'appelle Merlin.

→ Préparons la dictée

Lire une première fois la dictée. Les élèves doivent rester attentifs et ne rien écrire.

Différenciation

→ *Remédiation : voir Photofiche Lexique 13R.*
→ *Entraînement : voir Photofiche Lexique 13E.*

Évaluation

→ *voir Photofiches Lexique Évaluation.*

Je réinvestis mes connaissances

Manuel p. 154-155

Les 11 premiers exercices proposés reprennent chacune des notions étudiées au cours de ce module.
Les 3 derniers exercices transversaux et d'écriture proposés brassent les notions étudiées.

Exercices	Compétences traitées
Exercice 1	Connaître et utiliser les mots pour se repérer dans le temps. Mettre des événements dans l'ordre chronologique.
Exercice 2	Connaître et utiliser les mots pour se repérer dans le temps. Mettre des événements dans l'ordre chronologique.
Exercice 3	Connaître et utiliser les mots pour se repérer dans l'espace.
Exercice 4	Connaître et utiliser les mots pour se repérer dans l'espace.
Exercice 5	Connaître et utiliser les mots pour décrire une image.
Exercice 6	Savoir poser une question.
Exercice 7	Savoir poser une question.
Exercice 8	Savoir poser une question.
Exercice 9	Savoir répondre à une question.
Exercice 10	Savoir répondre à une question.
Exercice 11	Connaître et utiliser les mots pour se présenter et se décrire.
Exercices transversaux	
Exercice 12	Savoir répondre à une question. Connaître et utiliser les mots pour se repérer dans l'espace.
Exercice 13	Les exercices d'écriture utilisent les compétences précédemment travaillées. Savoir répondre à une question.
Exercice 14	Les exercices d'écriture utilisent les compétences précédemment travaillées. Connaître et utiliser les mots pour se présenter et se décrire.

Se repérer dans le temps

1 * le réveil – le petit-déjeuner – le déjeuner – le goûter – le dîner – le coucher

2 ** **a.** Manon est venue me voir hier et **avant-hier.**
b. L'année dernière, j'ai passé mes vacances en Espagne.
c. J'ai préparé ma valise **la veille** de mon départ.
d. Tu vas te coucher, mais **auparavant** tu te brosses les dents.
e. Le vendredi est **le lendemain** du jeudi.

Se repérer dans l'espace

3 * **a.** Nous habitons près de la rivière.
b. L'avion passe au-dessus de nos têtes.
c. J'écris la date en haut de la page.
d. Nous mangeons dans la cuisine.
e. Il n'a plus de cheveux sur la tête.

4 ** Le rond est à côté du carré. Le carré est à gauche du rond.

Décrire une image

5 * Cette image est un **dessin**. Elle représente **une scène** dans une cuisine. Au premier plan, il y a deux **personnages**. Le jeune garçon est **à gauche** et le cuisinier est **à droite**. Au fond, il y a **une cheminée**. La couleur de la table est le **marron**.

Poser une question

6 * **a.** Que prend Marius ?
b. Pourquoi prend-elle son chapeau ?
c. Où la cigogne fait-elle son nid ?
d. Quand aura lieu la kermesse ?
e. Qui t'accompagnera ?

7 ** **a. Quand** viendrez-vous nous voir ?
b. Pourquoi est-elle si triste ?
c. Combien de billes as-tu ?
d. Comment êtes-vous venus ?
e. Où vont ces randonneurs ?
f. Que fais-tu là ?

8 *** **a. Que** trouve Jules ?
b. Qui bloque la route ?
c. Pourquoi les maçons réparent-ils le pont ?
d. Où naviguent les bateaux ?
e. Quand le phare est-il allumé ?

Répondre à une question

9 * **a.** Ils iront à Paris.
b. Le réveil sonne à sept heures.
c. J'ai quatre poules.
d. C'est le bleu.

10 **a.** Il est dix heures.
b. Je la verrai demain.
c. Il lave sa voiture.
d. Je vais à la piscine.

Se présenter, se décrire

11 un nez en trompette – des joues rouges – un nez crochu – des yeux ronds – une peau mate

EXERCICE TRANSVERSAL

12 **a)** Cette image est une photographie.
b) Cette photographie représente une scène : un chat qui guette un poisson rouge dans son bocal.
c) Les personnages principaux sont situés à l'intérieur d'une maison.
d) Le chat guette le poisson rouge qui tourne dans son bocal.
e) Il y a une fenêtre derrière eux.
f) Le gris, le blanc et le marron sont les trois couleurs les plus utilisées.

EXERCICES D'ÉCRITURE

13 Production libre

14 Production libre

14 L'école

Manuel p. 156-157

Compétences : Connaître et utiliser les mots pour décrire l'école et parler de l'école.

Autour de la notion

Cette leçon a pour objectif d'**approfondir le vocabulaire** approprié pour décrire l'espace dans lequel évoluent les élèves : **l'école** et **la classe**. C'est aussi l'occasion de revenir sur **les activités de l'école**, les personnes qui y travaillent et les **matières** que l'on y étudie afin de rendre les élèves maîtres de leurs apprentissages.

→ Points d'attention

Ce type de leçon est toujours l'occasion d'un grand brassage de vocabulaire. Il faut être vigilant et s'assurer que les mots utilisés font sens pour tous les élèves. Une lecture préalable de chaque exercice avant son exécution par les élèves et l'utilisation du dictionnaire sont recommandées.

Corrigés des activités

Découvrons et manipulons

Recherche en collectif à l'oral

1 **a)** L'école, c'est l'endroit où on apprend à lire, à écrire et à compter, mais aussi à comprendre le monde et à défendre ses opinions.
b) En France, l'école est ouverte à tous les enfants, quelle que soit leur nationalité.
c) La costumière/le costumier ; la maquilleuse/le maquilleur ; la comédienne/le comédien ; la conseillère/le conseiller ; notre décoratrice/notre décorateur.

2 **a)** Les élèves sont dans la rue devant l'école.
b) Ils se dirigent vers l'école.
c) Le(a) directeur(trice) ou un(e) enseignant(e) va les accueillir.

3 Les élèves vont travailler en classe.

Application en collectif à l'oral

4 une cantine – une salle de classe – un préau – des toilettes

5 Ce que l'on fait en classe : lire – calculer – souligner – apprendre– réciter – recopier
Ce que l'on fait à l'extérieur de la classe : sauter – monter – courir – jongler

Corrigés des exercices

Je m'entraîne

Connaître et utiliser les mots de l'école

6 * manger → la cantine
jouer → la cour
réfléchir → la classe
lire → la bibliothèque

7 * **a. Dans la classe :** un tableau – des chaises – des bureaux
b. Dans la cantine : des assiettes – des couverts – des plateaux
c. Dans la cour : des bancs – des jeux – des poubelles
d. Dans la bibliothèque : des livres – des étagères – des atlas
e. Dans la salle informatique : des ordinateurs – des claviers – des tablettes

8 ** **a.** Arts plastiques
b. Mathématiques
c. Questionner le monde
d. Français
e. E.P.S

9 *** la maîtresse → enseigne
l'animateur → surveille
la directrice → dirige
l'élève → apprend

J'écris – Je m'exprime

10 * Production libre

11 ** Production libre

12 *** Les enfants sont au restaurant scolaire (la cantine). Ils s'apprêtent à aller manger.

À toi de jouer

Ce sont les escaliers.

Dictée

En classe, on fait des mathématiques et du français.
On apprend une langue vivante.
On questionne le monde et on reçoit un enseignement artistique.

→ Préparons la dictée

Lire une première fois la dictée. Les élèves doivent rester attentifs et ne rien écrire. Rappeler les règles énoncées dans le « Je retiens » de la leçon. Faire dire quelles sont les matières que l'on étudie en classe dans ce texte et celles qu'on n'a pas évoquées comme l'enseignement moral et civique et l'E.P.S.

Différenciation

→ *Remédiation : voir Photofiche Lexique 14R.*
→ *Entraînement : voir Photofiche Lexique 14E.*

Évaluation

voir Photofiches Lexique Évaluation.

15 La classe

Manuel p. 158-159

Compétences : Connaître et utiliser les mots pour décrire la classe et le matériel de classe.

Autour de la notion

Les élèves de CE1 doivent explorer leur **environnement familier**. Après les mots de l'école, il s'agit ici de connaître et d'utiliser ceux de la classe. Ce vocabulaire utilisé quotidiennement par l'enseignant(e) et les élèves doit être compris par tous afin de favoriser **une vie de classe** sereine. Le lexique de la classe comprend **les meubles** ; **le matériel pédagogique** (affichages, globe terrestre, ordinateur ou vidéoprojecteur) ; **le matériel des élèves**.

→ Activités de manipulation

Classer le lexique entre matériel collectif et matériel individuel.
Utiliser le lexique dans des phrases en écrivant des inventaires.
Deviner des mots à partir de définitions ou par le biais d'un jeu de questions/réponses.

→ Points d'attention

Ce type de leçon est l'occasion d'un grand brassage de vocabulaire. Il faut être vigilant et s'assurer que tous les mots évoqués font sens pour tous les élèves. Une lecture préalable de chaque exercice avant son exécution par les élèves et l'utilisation du dictionnaire sont recommandées.

Corrigés des activités

Découvrons et manipulons

Recherche en collectif à l'oral

1 **a)** Les élèves sont dans leur classe.
b) Ils sont assis et écoutent la maîtresse.
c) La maîtresse est face aux élèves, devant son bureau.

2 **a)** Il y a le bureau de la maîtresse, les tables des élèves, des chaises, une étagère, un meuble pour l'ordinateur.
b) Il y a une tablette, deux crayons, une feuille blanche, une équerre, un livre.

3 **a)** On voit différents affichages, des cartes et des dessins.
b) Les affichages servent à rappeler les leçons qui ont été vues, à mémoriser certaines leçons, à servir d'aide et de référence pour des exercices.
c) Les affichages sont pour les élèves.

Application en collectif à l'oral

4 courir – sauter – manger – crier – se balancer

Corrigés des exercices

Je m'entraîne

Connaître et utiliser les bons mots pour décrire la classe

5 * **1 :** le tableau
2 : une armoire
3 : un planisphère
4 : une table
5 : une chaise
6 : un cartable

Connaître le matériel de classe

6 * **a.** La maîtresse écrit la date sur le **tableau**.
b. Mattéo cherche son cahier dans son **casier**.
c. Léane range sa **trousse** dans son cartable.
d. Les élèves prennent des **feutres** pour colorier.
e. Kamel jette une feuille dans la **poubelle**.

7 ** **a.** Souligner la date : une **règle**.
b. Découper une feuille : des **ciseaux**.
c. Écrire des phrases : un **stylo**.
d. Effacer le crayon de papier : une **gomme**.
e. Tailler un crayon de papier : un **taille-crayon**.

8 *** **a.** Je suis un livre avec des leçons et des exercices. Je suis **un manuel**.
b. J'ai des feuilles blanches avec des lignes pour écrire. Je suis **un cahier**.
c. Je suis un objet dans lequel on peut ranger des photocopies. Je suis **une pochette**.
d. Je suis un objet sur lequel on peut écrire, effacer et recommencer. Je suis **une ardoise**.

Connaître les règles de la classe

9 *** Pour prendre la parole, je lève le doigt.
Pour bien comprendre, j'écoute le maître.
Pour bien écouter, je ne bavarde pas.

J'écris – Je m'exprime

10 * Production libre

11 ** Production libre

À toi de jouer

Ce sont des crayons de couleur.

Dictée

La maîtresse installe une affiche au tableau avec des aimants. Elle cherche son gros feutre rouge. Un élève entoure les mots connus.

→ *Préparons la dictée*

Lire une première fois la dictée. Les élèves doivent rester attentifs et ne rien écrire.

Différenciation

→ *Remédiation : voir Photofiche Lexique 15R.*
→ *Entraînement : voir Photofiche Lexique 15E.*

Évaluation

→ *voir Photofiches Lexique Évaluation.*

16 Les consignes

Manuel p. 160-161

Compétences : Comprendre et exécuter une consigne.

Autour de la notion

Cette leçon a pour objectif d'attirer l'attention des élèves sur cette petite phrase en début d'exercice qu'ils négligent parfois pour commencer directement l'exercice. C'est souvent le cas parce que la topologie de l'exercice est évidente quand il s'agit par exemple de relier ou de compléter.
Toutefois, il est important de rappeler aux élèves qu'il ne faut jamais débuter un exercice avant d'avoir **lu** et **compris** la consigne. Insister sur le fait que ne pas la lire peut entraîner **l'oubli** d'une partie de l'exercice.
La consigne commence généralement par un **verbe** qui indique **une ou plusieurs action(s)** à réaliser. Il faut alors en saisir le sens et comprendre la manière de l'exécuter. La consigne est fortement reconnaissable par son verbe **en début de phrase** à **l'impératif**.

→ Points d'attention

Dans tous les domaines et en tous lieux les enfants sont soumis à la consigne (à l'école, à la maison, dans la rue). Il est bon qu'ils s'en rendent compte par de multiples exemples et n'évitent pas de les appliquer.

→ Pistes de différenciation ou remédiation

Associer à chaque verbe qui débute une consigne un geste de la main à faire dans l'espace.
Énoncer un à un ces verbes, les élèves doivent rapidement y associer le geste précis *(entourer, encadrer, écrire, couper, coller, barrer...)*.

Corrigés des activités

Découvrons et manipulons

Recherche en collectif à l'oral

1 Jules demande à Coco de lire la phrase.

2 Le verbe *lire* indique à Coco ce qu'il doit faire.

3 Coco doit **lire la phrase** : « Un tra rolait vite, te le petit idi corait, corait... »

Application en collectif à l'oral

4 Recopie cette phrase.

5 Souligne. → un <u>mot</u>
Coche. → un mot ☑
Barre. → un ~~mot~~

6 Entoure le nom. → Je lis un [livre].
Souligne le pronom. → <u>Je</u> lis un livre.
Entoure le verbe. → Je [lis] un livre.
Souligne le nom. → Je lis un <u>livre</u>.

Corrigés des exercices

Je m'entraîne

Comprendre et exécuter une consigne

7 * **a.** Entoure.
b. Écris.
c. Barre.
d. Encadre.
e. Découpe.

8 * **a. Ordonner** : mettre dans l'ordre.
b. Classer : trier et mettre dans des cases.
c. Relever : recopier.
d. Repérer : trouver.
e. Substituer : remplacer.

9 * **a.** [Classe] ces verbes en deux colonnes.
b. [Range] ces nombres du plus petit au plus grand.
c. [Découpe] la figure selon les pointillés.
d. [Trace] une ligne droite sur ton cahier.
e. [Colorie] uniquement les fleurs.

10 ** **a.** 2 actions **b.** 2 actions **c.** 3 actions

11 ** **a.** mathématiques
b. enseignements artistiques
c. éducation physique et sportive
d. français

12 *** [Aziz] est au zoo avec son amie [Sonia]. Il voit des <u>crocodiles</u>, des <u>singes</u>, des <u>lions</u>. Ils croisent [Julie], leur voisine. Elle a un <u>chien</u> blanc.

J'écris – Je m'exprime

13 * **a.** Casse un œuf. **c.** Mélange le tout.
b. Verse le lait.

À toi de jouer

<u>un lièvre</u> – ~~un éléphant~~ – un chien – [un chat] – ~~une girafe~~
Il reste le chien.

Dictée

Étale la pâte, dépose les fruits dessus, ajoute du sucre et mets ta tarte dans le four.

→ ***Préparons la dictée***

Lire une première fois la dictée. Les élèves doivent rester attentifs et ne rien écrire.

Différenciation

→ *Remédiation : voir Photofiche Lexique 16R.*

→ *Entraînement : voir Photofiche Lexique 16E.*

Évaluation

→ *voir Photofiches Lexique Évaluation.*

17 La représentation du temps

Manuel p. 162-163

Compétences : Savoir lire un calendrier, une frise chronologique et un emploi du temps.

Autour de la notion

Parmi les attendus du cycle 2, les élèves doivent **se repérer dans le temps** qui passe et **mesurer des durées**. Ils doivent également savoir situer et ordonner quelques événements **quotidiens**, **hebdomadaires** ou **récurrents**.
Cette leçon propose de renforcer le vocabulaire précis qui permet de décrire et de **mesurer** le temps qui passe. C'est aussi l'occasion pour les élèves de se **familiariser** avec des outils tels que **le calendrier** ou **l'emploi du temps**.

→ ***Activités de manipulation***

Faire observer **le calendrier** afin de reconnaître les renseignements spécifiques qu'il apporte.
Mettre en évidence pendant cette observation les durées à connaître : **une année** dure 365 jours, **une saison** dure environ 3 mois, **un mois** dure entre 28 et 31 jours, **une semaine** dure 7 jours.
Faire observer **la pendule** et faire constater qu'un jour dure 24 heures, qu'une heure dure 60 minutes.

→ ***Points d'attention***

Cette leçon fait écho au travail à mener en **mathématiques** sur les grandeurs et les mesures en CE1.

→ ***Piste de différenciation ou remédiation***

L'observation des instruments qui mesurent le temps qui passe doit être **quotidienne** pour aider les élèves à s'y repérer et à les utiliser.

Corrigés des activités

Découvrons et manipulons

Recherche en collectif à l'oral

1 **a)** Il y a douze mois dans ce calendrier.
b) Il y a douze mois dans une année.

2 L'année commence le lundi 1er janvier.

3 Il y a 31 jours dans le mois de mars.

4 Le mois de juin vient après le mois de mai.

5 Le 1er mai est un mardi.

6 Le mois de l'année le plus court est le mois de février avec 28 jours (ou 29 jours les années bissextiles).

Application en collectif à l'oral

7 une minute – une heure – un jour – une semaine – un mois – une saison

Corrigés des exercices

Je m'entraîne

Connaître les mots du temps

8 * samedi – dimanche

9 ** **a.** janvier – février – ~~jeudi~~ – mars – avril
b. une minute – une seconde – ~~un emploi du temps~~ – une année
c. mardi – dimanche – ~~le printemps~~ – vendredi
d. ~~le temps~~ – l'hiver – l'automne – l'été

10 ** **a.** un emploi du temps
b. un calendrier

Lire un calendrier

11 ** **a.** Le 2 août est un **jeudi**.
b. Le mois de **janvier** commence un lundi.
c. Le mois d'**août** commence un mercredi.
d. Après le mois de septembre vient le mois d'**octobre**.

Lire une frise chronologique

12 Gabrielle est né le 17 juin 2011.

Lire un emploi du temps

13 **a)** Le matin : éducation physique et sportive – mathématiques
L'après-midi : français – enseignements artistiques
b) Les mathématiques et le français ont lieu le lundi matin.

J'écris – Je m'exprime

14 Production libre

15 Production libre

À toi de jouer

a. été
b. printemps
c. automne
d. hiver

Dictée

J'ai vu sur le calendrier que cette année on fête Noël un mardi. Je sais aussi qu'il n'y a que 28 jours au mois de février.

→ Préparons la dictée

Lire une première fois la dictée. Les élèves doivent rester attentifs et ne rien écrire.
Faire dire quels sont les mots qui indiquent le temps qui passe et sa mesure dans ce texte.
Rappeler les règles énoncées dans le « Je retiens » de la leçon.

Différenciation

→Remédiation : voir Photofiche Lexique 17R.

→Entraînement : voir Photofiche Lexique 17E.

Évaluation

→voir Photofiches Lexique Évaluation.

18 La représentation de l'espace

Manuel p. 164-165

Compétences : Connaître et utiliser les mots pour représenter l'espace et se déplacer.

Autour de la notion

Cette leçon répond aux attendus du cycle 2 dans le domaine « Questionner l'espace » en CE1, en particulier :
– produire **des représentations des espaces familiers** et **moins familiers** ;
– lire des **plans** et se repérer sur des **cartes**.
Ainsi, les objectifs de cette leçon sont d'approfondir le vocabulaire approprié pour décrire l'espace dans lequel évoluent les élèves, de montrer un support qui permet de représenter cet espace (un plan) et d'initier les élèves à son utilisation.

→Activités de manipulation

Faire la maquette de la classe et son plan.
Programmer des jeux d'orientation ou chasses au trésor.

Corrigés des activités

Découvrons et manipulons

Recherche en collectif à l'oral

1 Ce document est le plan d'un quartier.

2 L'école est située dans la case D3.

3 La piscine est située dans la case B4.

4 L'entrée de la piscine est dans la rue des Mines.

5 La piste cyclable suit le Lot.

6 On suit la rue Neuve à droite en sortant de l'école.
On tourne à gauche sur l'avenue des Saules.
Puis on tourne dans la première rue à droite, dans l'avenue de la Paix, jusqu'à la maison.

Application en collectif à l'oral

7 un magasin – un trottoir – un feu tricolore – des voitures

8 un immeuble – une maison – un gratte-ciel – un pavillon

Corrigés des exercices

Je m'entraîne

Connaître les mots de l'espace

9 * **1 =** Le passage piétons
2 = Un piéton
3 = Une automobile
4 = Le couloir de bus
5 = Le trottoir

Lire un plan

10 ** **a)** Il y a six pièces dans cet appartement (on ne compte pas le couloir).
b) La salle de bains se trouve entre la chambre 2 et la cuisine.
c) Il faut traverser le couloir en allant à gauche.
d) Il faut traverser le couloir en allant à droite.

Connaître les mots pour se déplacer

11 * **a.** Dans la maison, il faut **descendre** pour aller à la cave.
b. Dans la maison, il faut **monter** pour aller au grenier.
c. Faut-il **tourner** à droite ou à gauche pour aller au square ?
d. Cette voiture doit **reculer** pour laisser le vélo passer.

12 ** **a.** avancer / progresser
b. reculer / aller en arrière
c. tourner / virer
d. monter /escalader
e. descendre / dévaler

J'écris – Je m'exprime

13 * Production libre

14 ** Production libre

À toi de jouer

Pharmacie (Phare – mat – scie)

Dictée

J'ai pris l'ascenseur pour monter au cinquième étage de l'immeuble et j'ai pris les escaliers pour redescendre.
Avancer de dix pas et reculer de dix pas ce n'est pas faire du surplace.

→ *Préparons la dictée*
Lire une première fois la dictée. Les élèves doivent rester attentifs et ne rien écrire.
Faire dire quels sont les mots qui indiquent un déplacement.

Différenciation

→ *Remédiation : voir Photofiche Lexique 18R.*
→ *Entraînement : voir Photofiche Lexique 18E.*

Évaluation

→ *voir Photofiches Lexique Évaluation.*

19 Les animaux

Manuel p. 166-167

Compétences : Savoir décrire les animaux et connaître les différentes espèces.

Autour de la notion

Cette leçon a pour objectifs d'**améliorer les connaissances** des élèves sur les animaux, ainsi que d'**enrichir leur lexique**. Cela concerne : les **noms des animaux** (pour certains animaux le nom du mâle, de la femelle, du petit) ; les différentes **parties de leur corps** et leurs **caractéristiques** ; leurs différents **lieux de vie**.

Cette leçon est en lien étroit avec le domaine « Questionner le monde : comment reconnaître le monde vivant ? » des programmes. Toutefois, la leçon ne se substitue pas aux travaux scientifiques menés en classe.

→ *Points d'attention*

Nous recommandons d'accompagner cette leçon de supports photographiques, en relation avec les notions étudiées ou recherchées dans les dictionnaires, encyclopédies, etc.

Ce type de leçon est l'occasion d'un grand brassage de vocabulaire. Il faut être vigilant et s'assurer que les mots utilisés font sens pour tous les élèves.

Corrigés des activités

Découvrons et manipulons

Recherche en collectif à l'oral

1 Il s'agit d'animaux sauvages. Ils ne vivent pas avec les hommes.

2 **a)** Ils désignent des parties du corps des animaux.
b) Ils donnent des informations sur le corps des animaux, des différences que l'on peut voir.
c) Suggestions : l'antilope a des cornes, l'éléphant a une trompe et des défenses, la girafe a un pelage jaune et marron, ses pattes arrière sont plus courtes. Tous ces animaux ont une queue.

3 **a) Suggestions** : un insecte : la mouche. Un oiseau : le corbeau.
b) L'antilope, l'éléphant et la girafe appartiennent à l'espèce des mammifères.

Application en collectif à l'oral

4
- long – sifflement – venimeux – ramper : le serpent
- ruche – miel – jaune et noir – ailes : l'abeille
- rugissement – savane – crinière : le lion

Corrigés des exercices

Je m'entraîne

Savoir décrire les animaux

5 * **Animaux domestiques** : une chèvre – un hamster – un cochon – un âne
Animaux sauvages : un bouquetin – une marmotte – un sanglier

6 * (de haut en bas) **Pigeon** : bec – aile – patte – queue
Taureau : cornes – queue – patte – sabot

7 ** **a. des animaux à plumes** : un perroquet – une autruche – une poule – ~~une otarie~~
b. des animaux à poils : ~~un crocodile~~ – un hamster – un tigre – un loup
c. des animaux à écailles : un thon – un anaconda – ~~un escargot~~ – un caméléon

8 *** le hennissement → le cheval
le rugissement → le lion
le hululement → le hibou
le miaulement → le chat
l'aboiement → le chien

Connaître les espèces des animaux

9 *

mammifères	poissons	oiseaux	insectes
le cheval la vache	le requin le thon	le colibri le cygne	la libellule le papillon

10 ** **a.** l'ours – le dromadaire – le lapin – ~~la sardine~~
b. ~~l'écureuil~~ – la coccinelle – la guêpe – la mouche
c. le perroquet – le pivert – ~~le cobra~~ – l'autruche
d. le thon – ~~la baleine~~ – la carpe – la truite
e. le caméléon – la tortue – le serpent – ~~la cigale~~

J'écris – Je m'exprime

11 * **a.** Le bouc, la chèvre et le **chevreau**
b. L'ours, l'ourse et l'**ourson**
c. Le lion, la lionne et le **lionceau**
d. L'étalon, la jument et le **poulain**
e. Le coq, la poule et le **poussin**

12 ** Production libre

À toi de jouer

L'animal a. est composée d'un lion et d'un aigle.
L'animal b. est composé d'un cochon et d'une chèvre.

Dictée

Enzo est allé à la ferme avec ses parents. Il a caressé des petits lapins. Il a emmené l'âne dans son pré. Il a aussi donné le biberon à des petits chevreaux.

→ Préparons la dictée

Lire une première fois la dictée. Les élèves doivent rester attentifs et ne rien écrire.

Différenciation

→ Remédiation : voir Photofiche Lexique 19R.

→ Entraînement : voir Photofiche Lexique 19E.

Évaluation

→ voir Photofiches Lexique Évaluation.

20 Les aliments

Manuel p. 168-169

Compétence : Connaître les noms des aliments et des différentes catégories.

Autour de la notion

Avant de débuter la leçon, il est important de s'assurer que les élèves connaissent un certain nombre d'aliments de base. Ces aliments peuvent être **classés** dans différentes **catégories** plus ou moins précises selon **leurs origines**, leurs **apports nutritionnels**.
Cette leçon est en lien étroit avec le domaine « Questionner le monde » des programmes.

→ Points d'attention

Nous recommandons d'accompagner cette leçon de supports photographiques, en relation avec les notions étudiées ou recherchées dans les dictionnaires, encyclopédies, etc.

Ce type de leçon est l'occasion d'un grand brassage de vocabulaire. Il faut être vigilant et s'assurer que les mots utilisés font sens pour tous les élèves.

→ Pistes de différenciation ou remédiation

Pour aller plus loin, on pourra étudier les aliments en travaillant sur l'équilibre alimentaire, l'origine des aliments ou les différentes parties des végétaux que l'on mange.
Faire une séance préalable de recherches dans le dictionnaire.
Demander aux élèves les plus à l'aise de varier les noms utilisés pour enrichir le vocabulaire de la classe.

Corrigés des activités

Découvrons et manipulons

Recherche en collectif à l'oral

1 Tous ces aliments sont des agrumes.

2 **a)** Les mots en bleu renseignent sur le goût des aliments.
b) L'adjectif *sucrée* correspond à la clémentine et l'adjectif *acide* au citron.

3 Production libre

4 Production libre

Application en collectif à l'oral

5
- du beurre – de la crème – un yaourt – ~~un radis~~
- une prune – ~~un chou~~ – un abricot – une poire
- ~~un steak~~ – du riz – des pâtes – du pain

Corrigés des exercices

Je m'entraîne

Connaître les noms des aliments

6 * **un ananas** – **une tomate** – le lait – **une salade** – **un radis** – **une cerise** – un bifteck – un œuf – une côtelette – **une noix**

N.B. : Les aliments qui viennent des animaux ont été soulignés, les aliments qui viennent des végétaux ont été passés en gras.

7 ** le pommier : **des pommes** – le poirier : **des poires** – l'abricotier : **des abricots** – le noyer : **des noix** – le framboisier : **des framboises** – le fraisier : **des fraises** – le figuier : **des figues** – le prunier : **des prunes** – le noisetier : **des noisettes** – le pêcher : **des pêches**

8 ** chou – potimarrons – marrons – potiron – betteraves – carottes

Connaître les différentes catégories d'aliments

9 * **a.** une papaye – une pomme – une pastèque – **du raisin**
b. une courgette – une carotte – du fenouil – **un navet**
c. un yaourt – du fromage – de la crème – **du lait**
d. un merlu – un lieu – une sole – **un maquereau**
e. du pain – des pâtes – une pomme de terre – **du riz**

10 ⁑ **Suggestions** : **a.** Deux noms de fruits : une banane et du raisin.
b. Deux noms de légumes : une aubergine et un poireau.
c. Deux noms de poissons : de la sole et de la raie.
d. Deux noms d'aliments sucrés : un éclair au chocolat et de la glace.
e. Deux noms d'aliments salés : du riz et du jambon.

J'écris – Je m'exprime

11 * Production libre

12 ⁑ Production libre

À toi de jouer

Artichaut (art – ti – chaud)

Dictée

Elena et Yannis proposent un menu pour la cantine : du melon en entrée, de la purée de carottes et du poulet et, pour le dessert, une tarte aux abricots. C'est un menu tout orange !

→ Préparons la dictée

Lire une première fois la dictée. Les élèves doivent rester attentifs et ne rien écrire.

Différenciation

→ Remédiation : voir Photofiche Lexique 20R.
→ Entraînement : voir Photofiche Lexique 20E.

Évaluation

→ voir Photofiches Lexique Évaluation.

21 La maison

Manuel p. 170-171

Compétences : Connaître et utiliser les mots de la maison.

Autour de la notion

Cette leçon s'inscrit dans la démarche de proposer aux élèves l'étude de mots faisant partie de leur **univers familier**. Cependant, le champ « Questionner le monde » « permet également de construire progressivement une **culture commune**, dans une société organisée, évoluant dans un temps et un espace donnés [...] On découvre **l'environnement proche** et **plus éloigné** [...] On étudie les espaces et de leurs principales fonctions. On **compare quelques modes de vie** » (Programmes 2018)
Cette leçon s'inscrit dans cette perspective ; au-delà de l'enrichissement du vocabulaire, on y décrit un mode de vie qui doit faire sens pour les élèves.

→ Activités de manipulation

Faire énumérer les étages, les pièces de la maison et demander ce qu'on y fait.
Faire énumérer les meubles de chaque pièce, les appareils ménagers, les objets électroniques ou autres et demander à quoi ils servent.

→ Points d'attention

Les enfants des villes habitant en appartement ne connaissent peut-être pas la maison telle que nous la montrons. Il faut veiller à ce que le vocabulaire utilisé soit bien compris et engager des recherches documentaires.

→ Piste de différenciation ou remédiation

Étudier et comparer l'aménagement de plusieurs types de logis : appartement, caravane, chalet, tente, igloo, etc. pour enrichir encore le vocabulaire et décrire des milieux et des conditions de vie différents.

Corrigés des activités

Découvrons et manipulons

Recherche en collectif à l'oral

1 **a)** Si on considère que la cave et le grenier sont des étages, cette maison comporte quatre étages.
On dit cependant que cette maison a deux étages habitables : le rez-de-chaussée et le premier étage.
b) La cuisine se trouve au rez-de-chaussée.

2 On peut déjeuner ou dîner* dans la cuisine ou la salle à manger.

3 On peut se laver dans la salle de bains.

4 La cave se trouve au sous-sol, c'est-à-dire sous la maison.
Le grenier se trouve au dernier étage de la maison, sous le toit.
Dans la cave on trouve souvent la chaudière de la maison, un atelier de bricolage, des outils de jardin et quelques meubles de rangement.
Dans le grenier on trouve souvent des malles ou des cartons contenant de vieilles affaires ou des objets anciens dont on ne se sert plus. Parfois, le grenier peut être aménagé pour faire une chambre supplémentaire.

Application en collectif à l'oral

5 le canapé – la cuisinière – la douche

6 un frigo – un lave-vaisselle – un évier – un four – une cuisinière

Corrigés des exercices

Je m'entraîne

Connaître les mots de la maison

7 * une armoire – une commode – un buffet – un canapé – une table – un lit – un bureau – un fauteuil

8 *

La salle de bains	La cuisine	La chambre
une brosse	des assiettes	un réveil
~~une poêle à frire~~	des casseroles	une lampe
un gant	des bols	une couette
un gel douche	~~une brouette~~	~~un arrosoir~~

Utiliser les mots de la maison

9 * **a.** Dans la salle de bains, on se lave.
b. Dans la chambre, on dort.
c. Dans le salon, on regarde la télévision.
d. Dans la cuisine, on fait à manger.

10 ** **a.** Je suis une pièce ou un meuble de la maison : je suis un bureau
b. Je permets de chauffer les plats : je suis une cuisinière.
c. Je suis le premier plat du menu ou une pièce de la maison : je suis une entrée.
d. Dans le salon, on s'assoit sur moi pour lire ou pour regarder la télévision : je suis un canapé.
e. Je suis un meuble de la salle à manger sur lequel on dresse le couvert : je suis une table.

11 **

À l'intérieur de la maison	À l'extérieur de la maison
la cave	la terrasse
le grenier	le garage
les toilettes	le jardin
l'entrée	le balcon

J'écris – Je m'exprime

12 * Production libre

13 ** Production libre

14 ** **a.** Un gramophone servait à écouter de la musique.
b. Une machine à coudre servait à confectionner des vêtements.
c. Un fer à repasser servait à repasser le linge.
d. Un téléphone servait à appeler des personnes.

À toi de jouer

a. un igloo
b. un château
c. une hutte
d. un tipi

Dictée

La nouvelle maison est fantastique ! Ma chambre est grande et lumineuse. Dans le salon, nous avons installé le piano de maman et le grenier regorge de cachettes !

→ Préparons la dictée

Lire une première fois la dictée. Les élèves doivent rester attentifs et ne rien écrire. Faire dire quels mots sont du champ lexical de la maison.

Différenciation

→ *Remédiation : voir Photofiche Lexique 21R.*

→ *Entraînement : voir Photofiche Lexique 21E.*

Évaluation

→ *voir Photofiches Lexique Évaluation.*

Je réinvestis mes connaissances

Manuel p. 172-174

Les 14 premiers exercices proposés reprennent chacune des notions étudiées au cours de ce module.
Les 6 derniers exercices transversaux et d'écriture proposés brassent les notions étudiées.

Exercices	Compétences traitées
Exercice 1	Connaître et utiliser les mots pour décrire l'école et parler de l'école.
Exercice 2	Connaître et utiliser les mots pour décrire l'école et parler de l'école.
Exercice 3	Connaître et utiliser les mots pour décrire l'école et parler de l'école.
Exercice 4	Connaître et utiliser les mots pour décrire la classe et le matériel de classe.
Exercice 5	Connaître et utiliser les mots pour décrire la classe et le matériel de classe.
Exercice 6	Comprendre et exécuter une consigne.
Exercice 7	Comprendre et exécuter une consigne.
Exercice 8	Comprendre et exécuter une consigne.
Exercice 9	Savoir lire un calendrier, une frise chronologique et un emploi du temps.
Exercice 10	Connaître et utiliser les mots pour représenter l'espace et se déplacer.
Exercice 11	Savoir décrire les animaux et connaître les différentes espèces.
Exercice 12	Savoir décrire les animaux et connaître les différentes espèces.
Exercice 13	Connaître les noms des aliments et des différentes catégories.
Exercice 14	Connaître et utiliser les mots de la maison.
Exercices transversaux	
Exercice 15	Savoir lire un calendrier, une frise chronologique et un emploi du temps.
Exercice 16	Comprendre et exécuter une consigne.
Exercice 17	Connaître et utiliser les mots pour parler de l'école.
Exercice 18	Savoir décrire les animaux et connaître les différentes espèces.
Exercice 19	Connaître les noms des aliments et des différentes catégories.
Exercice 20	Connaître et utiliser les mots de la maison.

L'école

1 * **a.** À la bibliothèque, je lis un livre.
b. À la cantine, je prends mon déjeuner.
c. Dans le couloir, je marche en rang.
d. En classe, j'écoute le maître.
e. Dans la cour, je joue avec mes amis.

2 *

français	mathématiques
réciter lire un récit la règle (de grammaire) le poème le lexique	calculer tracer additionner une mesure une grandeur la règle (pour mesurer) le calcul

3 ** Exemple :

	arts plastiques	éducation musicale
un matériel	un pinceau	une flûte
une action	dessiner	chanter

La classe

4 * **a.** La maîtresse écrit sur le **tableau**.
b. Je range mes crayons dans ma **trousse**.
c. Je dessine sur mon **cahier** de poésie.
d. J'écris soigneusement avec mon **crayon** bleu.
e. Je range mon ardoise dans mon **casier**.

5 **

ce qu'on doit faire en classe	ce qu'on ne doit pas faire en classe
arriver à l'heure – avoir tout son matériel – lever le doigt pour parler	se balancer sur sa chaise – se moquer des autres – manger son goûter – se déplacer en courant – se bagarrer

Les consignes

6 * **a.** [Écris] tous les mois de l'année.
b. [Entoure] uniquement les noms propres.
c. [Gomme] le carré bleu.
d. [Complète] ces phrases avec un mot.
e. [Barre] l'intrus dans chaque liste.

7 **a.** Relève tous les mots au masculin. → **d.** Recopie tous les mots au masculin.
b. Trie tous les mots au masculin. → **e.** Classe tous les mots au masculin.
c. Barre tous les mots au masculin. → **f.** Raye tous les mots au masculin.

8 **a.** Recopie le verbe et encadre-le. → 2 actions
b. Écoute le texte puis réponds aux questions. → 2 actions
c. Lis le texte suivant à voix haute. → 1 action.

La représentation du temps

9 **a.** juillet – septembre – ~~lundi~~ – mars – avril
b. une année – une saison – ~~un calendrier~~ – une semaine
c. jeudi – lundi – mardi – ~~août~~
d. le calendrier – la frise chronologique – l'emploi du temps – ~~l'automne~~
e. l'hiver – l'été – ~~la nuit~~ – l'automne

La représentation de l'espace

10 Je tourne à droite dans la rue des Pommiers en sortant de la boulangerie.
Je tourne ensuite à gauche dans la rue des Peupliers et j'avance tout droit jusqu'au supermarché.

Les animaux

11 la hyène → le zèbre
le scarabée → le grillon
le lézard → le serpent
l'autruche → le héron
le brochet → le piranha

12 **a.** Je suis le plus gros mammifère marin : **une baleine**.
b. Je rampe, j'ai une coquille sur le dos et deux grandes cornes : **un escargot**.
c. J'ai huit pattes et je tisse des toiles. Je suis **une araignée**.
d. Je vis dans la savane. J'ai une trompe et des défenses : **un éléphant**.
e. Je suis un oiseau avec de grands yeux et je vis la nuit : **un hibou**.

Les aliments

13 Grace au **lait** de la vache, on fabrique d'autres aliments.
On met du **beurre** sur les tartines.
On mange des **yaourts** nature ou sucrés.
Avant le dessert, on mange du **fromage** avec du pain.
On utilise de la **crème** pour faire des sauces.

La maison

14 Production libre

EXERCICE TRANSVERSAL

15 **a.** vrai
b. faux
c. vrai
d. faux
e. faux
f. vrai
g. faux

EXERCICES D'ÉCRITURE

16 Production libre

17 Production libre

18 Production libre

19 Production libre

20 Production libre

Exercices transversaux

GRAMMAIRE

1 * **a.** Le chevalier trouve un passage secret.
b. La reine monte sur le trône.
c. Un cerf court dans la forêt.
d. L'archer tire une flèche.
e. La princesse porte une couronne sur la tête.

2 ** **a.** Nous observons la fourmilière.
b. Ali ramasse des champignons dans la forêt.
c. Des écureuils grimpent sur les arbres.
d. Charlotte collectionne des feuilles.
e. Elle cache un trésor dans un rocher.

3 ** **a.** Où partez-vous pendant les vacances **?**
b. Marianne déteste les manèges **!**
c. Nous allons au cinéma**.**
d. Attention à la marche **!**
e. Quel pays as-tu visité **?**

4 ** **a.** Tu es décidé à prendre des cours de yoga. (déclarative)
b. Es-tu venue en train ? (interrogative)
c. Ajoutez la farine et remuez la pâte. (impérative)
d. Voulez-vous assister à ce spectacle ? (interrogative)
e. Ne dis pas un mot. (impérative)

5 ** **a.** Vous avez compris la leçon.
b. Il trouve des souvenirs dans le grenier.
c. Il l'a demandée en mariage.
d. Elle saute en parachute.
e. Il ne part pas en Australie.

ORTHOGRAPHE

6 * **a.** un ch**a**t
b. un ra**d**is
c. une oran**ge**
d. un **v**élo
e. un cost**ume**
f. la sa**l**ade
g. une r**ue**
h. une autr**u**che
i. un tr**o**ttoir
j. une p**l**ume

7 ** **a.** cerveau
b. cerceau
c. caramel
d. dimanche
e. crocodile
f. hélicoptère

8 ** **a.** un pian**o**
b. un p**o**t
c. un crap**aud**
d. un land**au**
e. un styl**o**
f. un drap**eau**
g. la b**o**xe
h. un agn**eau**
i. ch**au**d
j. un souric**eau**

9 * **a.** Je dois rest**er** chez moi.
b. Ma poup**ée** a un joli n**ez**.
c. Tu as égar**é** ton cahi**er**.
d. Ce b**é**b**é** est en bonne sant**é**.
e. À mar**ée** basse, je pêche dans les roch**ers**.

10 ** **a.** un h**é**licoptère
b. une d**é**f**ai**te
c. la d**é**coration
d. une r**é**p**é**tition
e. un bal**ei**neau

LE VERBE

11 * **a.** Le spectacle des marionnettes commence.
b. Il prête ses jouets.
c. Je rencontrerai une journaliste.
d. Vous passez devant l'école.

12 * **a.** Je veux [venir] avec toi !
b. Tu essaies de [retenir] la poésie.
c. Nous espérons [arriver] bientôt.
d. Il aime [marcher] sous la pluie.
e. Le chien n'arrête pas de [grogner].

13 ** **a.** Nous retrouv / ons de vieilles photos.
b. Le chat ronronn / e au coin du feu.
c. Les feuilles tomb / ent sur le sol.
d. Hugo compt / e jusqu'à cent.
e. Vous rang / ez vos cahiers.

14 * **a.** Aujourd'hui, tu découpes des cartons.
d. Aujourd'hui, il achète des légumes pour le dîner.

15 ** **a.** sautent → présent
b. mangerons → futur
c. chantait → passé
d. passeras → futur
e. participé → passé

LEXIQUE

16 * **a.** avion – **bassine** – crayon – devoir
b. cage – enfin – gomme – **hérisson**
c. **mer** – neige – ours – parapluie
d. chêne – marronnier – **platane** – sapin
e. chèvre – girafe – koala – **lion**

17 a. avion – café – jouet – lapin
b. biche – guitare – nuage – pomme
c. serviette – voiture – wagon – zèbre
d. casserole – fourmi – invisible – livre
e. gorille – monde – parent – rêve

18 la cantine – la cour – la classe – le couloir – la bibliothèque – les toilettes

19 Entoure le nom. → Tu joues au [ballon].
Souligne le sujet. → Tu joues au ballon.
Entoure le verbe. → Tu [joues] au ballon.
Entoure le GN. → Tu joues [au ballon].
Barre le verbe. → Tu ~~joues~~ au ballon.
Barre le nom. → Tu joues au ~~ballon~~.

EXERCICES TRANSVERSAUX

20 **a)** abeille – crabe – dindon – faon – jument
b) abeille – crabe – dindon – faon – jument
Il s'agit du même ordre que l'ordre alphabétique.
c. Production libre

21 **a)** Il y a sept phrases.
b) Enfin, l'avion décolle !
c) va → aller ; fait → faire ; tire → tirer ; pousse → pousser ; donne → donner ; décolle → décoller ; est → être
d) prendre
e) valise
vacances
passeport

22 **a)** « Elle s'appr[ê]te à déguster une énorme coupe de glaces à la fraise et **au** café, av[e]c b**eau**coup de ch**o**c**o**lat. »
b) ***N.B :*** Le son [e] est souligné, le son [ɛ] est entouré et le son [o] est en gras.
c) déguster – s'envoler – courir – rattraper

23 **a)** Il y a quatre phrases.
b) r[é]cr[é]ation – pr[é]au – n[ez] – enrhum[é] – jou[er] – lanc[er]
c) r[e]ste – [e]st – fen[ê]tre – obs[e]rve – s[e]s – n[ei]ge
d) le préau – la cour

EXERCICES D'ÉCRITURE

24 Production libre

25 Production libre

26 Production libre

Exercices transversaux

PÉRIODE 2

Manuel p. 179-181

GRAMMAIRE

1 **a.** Le garagiste **répare** la voiture.
b. Le jardinier **plante** des arbres.
c. Les bougies **éclairent** la pièce sombre.
d. Les bouées **flottent** sur l'eau.

2 **a.** Aujourd'hui, ils décident d'aller skier.
b. Nous préparons un spectacle.
c. Après l'école, elles font de la danse.
d. Tu reprends une part de dessert.

3 **a. Elle** roule jusqu'au mur.
b. Il est tombé.
c. Ils sifflent dans le jardin.
d. Elle marche sur le sentier.
e. Elles rejoignent le fleuve.

4 **a. sonne** → le réveil ; **est** → la batterie ; **dorment** → les parents ; se **réveille** → Florian ; **prépare** → Il
b. le réveil → groupe nominal ; la batterie → groupe nominal ; les parents → groupe nominal ; Florian → nom propre ; Il → pronom

5 **a.** Les éléphants [marchent] dans la savane.
Le sujet est un groupe nominal.
b. Tu [tombes] par terre.
Le sujet est un pronom.
c. Vous [courez] sur le stade.
Le sujet est un pronom.
d. Les chouettes [volent] dans la nuit.
Le sujet est un groupe nominal.
N. B. : les sujets sont soulignés et les verbes sont encadrés.

6 **a.** Ils /Elles travaillent tard le soir.
b. Il/Elle montre un aigle dans le ciel.
c. Vous ne rentrez pas seuls de l'école.
d. Tu écoutes attentivement.
e. Nous jouons dans la cour.

ORTHOGRAPHE

7 **a.** le poi**ss**on
b. **s**amedi
c. des bo**ss**es
d. un e**s**cargot
e. le pou**ss**in

8 *

La lettre c se prononce [s]	La lettre c se prononce [k]
l'espace – un cerf – un lacet – un cerveau	un clou – un crabe – un casque – un cube – un lac – une crevette

9 **a.** J'apprends mes le**ç**ons dans la cuisine.
b. Il y a une lima**c**e dans la salade.
c. Il parle d'une drôle de fa**ç**on.
d. On voit la **c**ime des montagnes enneigées.
e. J'ai re**ç**u un **c**olis.

10 **a.** Le temps gla**c**ial me fait fri**ss**onner.
b. Je mets des gla**ç**ons dans ma boi**ss**on.
c. Je pla**c**e des cou**ss**ins **s**ur le canapé.
d. Le ma**ss**eur porte un ma**s**que.
e. J'ai acheté une pla**c**e de con**c**ert.

11 * **a.** une tige – un géant – ~~une gare~~ – une girafe
b. un tigre – la glace – une gomme – ~~une page~~
c. un guidon – ~~une orangeade~~ – une vague – une blague
d. un bourgeon – un villageois – ~~une digue~~ – une mangeoire
e. un rang – le sang – ~~un ring~~ – long

12 **a.** Aliénor souffle les bou**g**ies de son **g**âteau d'anniversaire.
b. Élise porte une belle ba**gu**e.
c. Le **gu**épard est un animal sauva**g**e.
d. Il tond le **g**azon de son jardin.
e. J'ai dessiné un dra**g**on avec des coquilla**g**es.

13 **a.** Nous a**ss**istons au **défilé**.
b. Je pré**fè**re les **fé**es ma**g**iques.
c. Mon frère mange un de**ss**ert glac**é**.
d. Le **c**oureur a perdu la cour**s**e.
e. Il porte des **vê**tements de **s**port.

14 * **a.** Les nuages couvr**ent** le ciel.
b. Le spectacle se termin**e** bientôt.
c. Mes amis aim**ent** écouter de la musique.
d. Je prépar**e** le déjeuner.
e. Vous voyag**ez** beaucoup.
f. Nous préfér**ons** rester chez nous.

LE VERBE

15 * **a.** Nous **observons** les papillons.
b. Elle **trace** des lignes de couleur.
c. Vous **tapez** à l'ordinateur.
d. Ils **montent** dans le bus.

16 **a.** Tu **as** un livre sur les planètes.
b. Ils **ont** trois chiens et une tortue.
c. J'**ai** des voisins charmants.
d. Le capitaine **a** un bateau.
e. Nous **avons** un joli jardin.

17 **a.** Nous **sommes** libres.
b. L'hirondelle **est** un oiseau migrateur.
c. Ces formules **sont** magiques.
d. Je **suis** au Brésil.
e. Tu **es** très curieux.

18 **a.** Vous **avez** huit ans et vous **jouez** au football.
b. Il **est** assis et il **écoute** de la musique.
c. Nous **avons** les mêmes goûts.
d. Je **discute** avec ma maman et elle **est** à mon écoute.

LEXIQUE

19 réussir → gagner → échouer
simple → facile → compliqué
parler → bavarder → se taire
gentil → agréable → méchant
bâtir → construire → détruire

20 *

un poisson	un bateau	un légume
Un requin – une daurade – un merlu – une sardine	Un paquebot – une péniche – un porte-avions – une barque	Une asperge – un poireau – une endive – une salade

21 * **a. le matin** : je me lève – ~~je dîne~~ – je m'habille
b. le midi : je déjeune – je joue – ~~je regarde les étoiles~~
c. l'après-midi : ~~je prends mon petit-déjeuner~~ – je vais à la piscine – je goûte
d. le soir : je joue – ~~je déjeune~~ – je lis
e. la nuit : je dors – ~~je vais à la patinoire~~ – je rêve

22 **a)** Il y a 30 jours en juin.
b) Le 19 juin est un mardi.
c) Le premier dimanche de juin est le 3 juin.
d) Le 1er juin est un vendredi.
e) Le dernier jour du mois de juin est un samedi.

23 **a. Hier**, j'ai pris froid. **Aujourd'hui**, je me couvre bien.
b. Il faut **d'abord** lire la consigne avant de faire l'exercice.
c. Pendant une giboulée, il y a du soleil **en même temps** qu'il pleut.
d. Je mets mes chaussettes et **après** mes chaussures.
e. Je déménagerai **demain**.

EXERCICE TRANSVERSAL

24 a) La maîtresse emmène ses élèves à la campagne, pour étudier les plantes.

***N.B* :** Le sujet est souligné et le verbe est encadré.

b) Ce sujet peut être remplacé par le pronom sujet *elle*.

c) montent → les garçons ; s'arrête → le car ; brille → le soleil ; chantent → les oiseaux

EXERCICES D'ÉCRITURE

25 Production libre

26 Production libre

Exercices transversaux

PÉRIODE 3

Manuel p. 182-184

GRAMMAIRE

1

un nom de personne	un nom d'animal	un nom de chose
un acrobate – un nageur – un pharmacien – mon cousin	un tigre – un escargot – une baleine – une abeille – un moustique	une clé – un radiateur – un chapeau – un banc – des lunettes

2 **a.** Afrique
b. Élise – Portugal
c. Manche – Angleterre
d. Gillet – Chloé – Stéphanie
e. Alpes

3 **a.** Kévin visite un château.
b. Il admire le donjon et la chambre du seigneur.
c. Dans les cuisines, il voit une cheminée plus grande que lui !
d. Il imagine les tournois et les banquets.
e. Le jeune garçon termine sa visite par un tour sur les remparts.

***N. B* :** les déterminants singuliers ont été encadrés et les déterminants pluriels ont été soulignés.

4 **a. La** fermière nourrit **les** animaux de **la** ferme.
b. Les poules picorent **les** graines.
c. La vache broute toute seule dans **le** pré.
d. Les chevaux et **les** poulains gambadent.
e. Avec **le** lait, Damien fait **les** fromages.

ORTHOGRAPHE

5 **a.** un in**v**ité
b. un e**n**droit
c. une a**m**poule
d. un no**m**bre
e. le li**n**ge
f. un i**m**prévu
g. un e**m**ploi
h. la te**m**pérature
i. une ro**n**de
j. un te**m**ple

6 un boxeur → une boxeuse
une savante → un savant
une invitée → un invité
une Anglaise → un Anglais
une princesse → un prince

7 **a.** des lapins
b. un ami
c. les magasins
d. des vêtements
e. un livre

8 **a.** jardinier → nom masculin singulier
b. éléphants → nom masculin pluriel
c. lampe → non féminin singulier
d. livre → non masculin singulier
e. voitures → nom féminin pluriel

9 Les chevaux sont des amis des hommes. Longtemps ils les ont aidés dans les travaux difficiles, comme les transports de métaux lourds par exemple. Ce ne sont pas des détails car ces animaux sont très intelligents et endurants.

LE VERBE

10 **a.** Vous **faites** du pédalo.
b. Je **fais** de la gymnastique.
c. La fleuriste **fait** des bouquets.
d. Les bébés **font** la sieste.
e. Tu **fais** un gâteau aux noix.

11 **a.** Noah **va** visiter la Tour Eiffel.
b. Je **vais** au zoo.
c. Ils **vont** au château.
d. Vous **allez** au cirque.
e. Tu **vas** laver ta voiture.

12 * **a.** Les enfants **disent** des blagues.
b. Elle **dit** ce qu'elle pense !
c. Vous **dites** vos inquiétudes.
d. Nous **disons** au revoir au vendeur.
e. Tu **dis** des bêtises pour me faire rire.

13 ** **a.** Nous **prenons** des livres sur les animaux.
b. Tu **prends** ton nouveau vélo.
c. Elles **viennent** en avion.
d. Je **viens** de laver la voiture.
e. Le singe **prend** des bananes.

14 *** **a.** Ils veulent des glaces.
b. Vous voyez un oiseau.
c. Tu peux faire des pirouettes.
d. Elle veut aller au bal.
e. Ils disent des secrets à leurs amis.

LEXIQUE

15 * **a.** un rideau
b. une caméra
c. un faon
d. un bûcheron
e. une tisane
f. un litchi

16 ** **a.** un [écri]vain – l'[écri]ture – [écri]re
b. un [tricot] – une [tricot]euse – [tricot]er
c. une [joue]use – un [joue]t – [joue]r
d. un [livr]eur – une [livr]aison – [livr]er
e. une [li]seuse – un [li]vre – [livr]e
f. un [compt]e – un [compt]able – [compt]er

17 * **a.** Il y a des chaises **autour de** la table.
b. Le garçon est assis **sur** une chaise.
c. La mère est debout **devant** le meuble de cuisine.
d. Le four est au fond **à gauche** de la photographie.
e. Les étagères sont au fond **à droite** de la photographie.

18 ** **a.** Je fais de la **cuisine**, je suis un **cuisinier**.
b. Je fais des **dessins**, je suis un **dessinateur**.
c. Je joue du **violon**, je suis un **violoniste**.
d. Je vends des **fleurs**, je suis un **fleuriste**.
e. J'écris pour un **journal**, je suis un **journaliste**.
f. Je fais du **sport**, je suis un **sportif**.

19 ** **a.** Je vois une pierre **tomber** du haut de la colline.
b. La voiture doit **reculer** pour sortir de l'impasse.
c. Au rond-point, il faut **tourner à droite** pour arriver à la piscine.
d. Pour aller du hall au dernier étage, il faut **monter** les escaliers.
e. Tu as obtenu trois points ; tu dois **avancer** de trois cases.

EXERCICES TRANSVERSAUX

20 *** **a)** Hâpi – Nil – Pharaon
b) gens – champs – tant
c) **Inondation** (Nom) (Féminin) : Débordement des eaux qui submergent un terrain.
Pyramide (Nom) (Féminin) : Monument à quatre faces triangulaires qui servait de tombeau aux pharaons d'Égypte.

21 *** **a)** maître-nageur (Masculin, Singulier) – inspiration (Féminin – Singulier) – tête (Féminin, Singulier) – éclaboussures (Féminin, Pluriel)
b) il va – Le maître-nageur lui dit – Mickaël prend – le garçon fait
c) vont – disent – prennent – font

22 *** **a)** hauts → hauteur ; froid → refroidir ; épais → épaisseur ; grosses → grossir
b) les nuages → le nuage ; des formes → une forme ; des tailles → une taille
c) Les nuages avec des gouttes gelées sont au-dessus des autres nuages.

EXERCICES D'ÉCRITURE

23 * Production libre

24 ** Production libre

Exercices transversaux

GRAMMAIRE

1 **a.** Je lis un court roman avant de me coucher.
b. Les araignées ont des pattes poilues.
c. Nous lavons les assiettes sales.
d. Tu essuies la vaisselle propre.
e. Alexandre termine un coloriage magnifique.

2 **a.** Ils font des exercices **compliqués**.
b. Le chat **noir** se sauve dans le jardin.
c. Un chien **féroce** surveille la maison.
d. Il monte dans une navette **spatiale**.

3 Suggestions : **a.** Sacha saute dans l'eau **salée**.
b. Nous jouons à un jeu **amusant**.
c. Je monte sur une **grande** échelle.
d. Mamie prépare des crêpes **délicieuses**.
e. Les enfants observent des fourmis **minuscules**.

ORTHOGRAPHE

4 **a.** un sole**il**
b. une feu**ille**
c. un porta**il**
d. la grenou**ille**
e. une merve**ille**
f. une abe**ille**
g. un œ**il**
h. une bata**ille**
i. le fenou**il**
j. le somme**il**

5 **a.** une pomme **abîmée***
b. une brebis **craintive**
c. une valise **lourde**
d. une veste **grise**
e. une fille **curieuse**

6 **a.** des **jeunes** chevaux
b. des fruits **frais**
c. des cheveux **blonds**
d. de **bons** exemples
e. de **beaux** décors

7 **a.** des chiens savants
b. des jeunes sportives
c. une biche égarée
d. des brillantes candidates
e. un explorateur courageux

LE VERBE

8 **a.** Nous **regarderons** un film d'aventures.
b. Tu **attraperas** le cerf-volant.
c. Il **caressera** les lapins de la ferme.
d. Je **chercherai** ce livre.
e. Elles **arracheront** les mauvaises herbes.

9 Les marins **embarqueront** tôt demain. Ils **navigueront** pendant de longs mois. Le bateau **traversera** l'océan et **arrivera** vers de nouvelles terres. Pendant ce voyage, le capitaine **avancera** grâce aux étoiles dans le ciel.

10 je serai – vous aurez – tu auras – ils seront – vous serez – j'aurai

11 **a.** Tu **auras** mal au cœur sur le bateau.
b. Nous **serons** dans la cuisine.
c. Il **sera** maladroit avec son plâtre.
d. Elles **auront** une surprise ce soir !
e. J'espère que vous **serez** en forme !

12 Plus tard, je **ferai** le métier d'explorateur. Je **verrai** des animaux de toutes les espèces et j'**irai** dans tous les pays du monde. Je **prendrai** l'avion et le bateau pour traverser le ciel et les océans.

LEXIQUE

13 casser les pieds → énerver
être fauché → être ruiné
avoir la patate → être en forme

14 **a)** Cette image représente des fruits sur une table.
b) Au centre de l'image, il y a des fruits sur une nappe blanche.
c) Cette image est une nature morte.
d) Les trois couleurs principales sont le blanc, le bleu et l'orange.

15 **a.** un cartable – une trousse – ~~la rue~~ – des feutres
b. des ciseaux – une règle – un stylo – ~~un bateau~~
c. un bureau – ~~une guirlande~~ – le tableau – un gomme
d. un manuel – des cahiers – une ardoise – ~~un lit~~
e. expliquer – ~~rouler~~ – tracer – écrire

16

français	mathématiques	arts plastiques	éducation musicale
la lecture une poésie	une dizaine une addition	une peinture une sculpture dessiner	une partition un instrument

17 **Aliments qui proviennent des animaux** : du lait – un tournedos – le jambon – le fromage
Aliments qui proviennent des plantes : une aubergine – la courgette – un potiron – le litchi – une amande – une pastèque

18 Suggestions : **a.** le steak haché
b. le riz
c. un yaourt
d. de l'huile

19 **a.** Dans la salle de bains : une baignoire, du dentifrice
b. Dans la chambre : une armoire, une lampe de chevet
c. Dans le salon : un canapé, un fauteuil
d. Dans la salle à manger : une table, des chaises
e. Dans la cuisine : le sel, un four, une table, des chaises

20 Production libre

EXERCICES TRANSVERSAUX

21 Courgettes cru**es**
Salade verte aux raisins secs
Soupe chaud**e** aux légumes vert**s**
Lapin aux fin**es** herbes
Pâtes fraîch**es**
Frites de patates douc**es**
Yaourts variés
Crèmes glac**ées**
Brioche perdue

22 **a) tête** : nom ; **serpents** : nom ; **grosses** : adjectif ; **nos** : déterminant ; **magique** : adjectif ; **les** : déterminant
b) Des grosses défenses de sanglier **remplaceront** nos dents !

23 **a)** effrayés
b) Les enfants reculeront, très effrayés.
c) mes supers plongeons – des airs gourmands – des marmites

24 **a)** L'expression utilisée dans ce texte est « Les chats ne font pas des chiens ». Cela signifie que l'on ressemble toujours à ses parents.
b) Ma mère sera professeure de mathématiques.

EXERCICE D'ÉCRITURE

25 Production libre

Exercices transversaux

PÉRIODE 5

Manuel p. 188-190

GRAMMAIRE

1 Aurélien n'aime pas le ski ! Il ne veut pas être mouillé par la neige.

2 **a.** Julien **n'**aime **pas** la montagne.
b. Vous **ne** partez **pas** en vacances.
c. Les lampes **ne** sont **pas** allumées.
d. Marie **ne** range **pas** sa chambre.
e. Nous **ne** galopons **pas** sur la plage.

ORTHOGRAPHE

3 Autrefois, mon père a beaucoup voyagé. Il est allé chez les Indiens d'Amérique. Il a bien aimé son séjour dans un tribu comanche. Il a navigué sur des rivières furieuses mais n'a jamais eu peur.

4 **a.** un vent violen**t**
b. un beau tapi**s**
c. une dent cassée
d. le débu**t** du film
e. Le dernier ran**g**
f. un coup de poin**g**
g. le toit rouge
h. un dra**p** froissé

5 **a.** Je rentre **à** la maison.
b. Mon père **a** un métier fatigant.
c. Il y **a** des rafales de vent.
d. J'ai oublié mon cartable **à** l'école.
e. Il **a** un train dans dix minutes.

6 **a.** Cet homme **est** chirurgien à l'hôpital.
b. Je collectionne les timbres **et** les jeux anciens.
c. C'**est** la fin du spectacle.
d. Ma sœur **est** blonde **et** mon frère brun.
e. Il **est** caché derrière la porte.

LE VERBE

7 **a. Nous** rentrions souvent ensemble.
b. Il/Elle enterrait ses os dans le jardin.
c. Ils/Elles grignotaient du fromage.
d. Tu pliais ton linge.
e. Vous arrosiez les plantes.

8 **a.** Les drapeaux **flottaient** dans les airs.
b. Le bateau **passait** près de la plage.
c. Tu **préparais** ton voyage.
d. Nous **fabriquions** des colliers de perles.
e. Vous **parliez** à tout le monde.

9 **a.** Ils **avaient** de la chance.
b. Sa blouse **était** pleine de taches.
c. Nous **allions/étions** au cinéma.
d. J'**avais** peur du noir.
e. Il **avait** le vertige.

10 **a.** Jadis, je **faisais** toujours mes devoirs en rentrant de l'école.
b. La sorcière **disait** à la princesse de ne jamais quitter sa tour.
c. Lorsque mes cousins **venaient** à la maison, nous jouions aux billes.
d. Tu **allais** chez le dentiste pour soigner ta carie.

11 **a.** Nous avons marché dans les bois.
b. Vous avez porté des sacs très lourds.
c. Des parents ont accompagné la classe.
d. Tu as trouvé des fleurs sauvages.
e. J'ai ramassé des champignons.

LEXIQUE

12 a. Pourquoi es-tu parti ?
b. Est-ce que tu connais ce chanteur ?
c. Comment poussent les plantes ?
d. Quel animal aboie ?

13 **a. Comment** fonctionne le moulin ?
b. Qui nourrit les ânes de la ferme ?
c. Où se trouve le cinéma ?
d. Combien de bonbons achèteras-tu ?
e. Pourquoi ce client est-il fâché ?

14 Suggestions : **a.** Je suis fatigué(e) parce que je n'ai pas bien dormi cette nuit.
b. J'ai cassé mes lunettes en les laissant tomber par terre.
c. Je veux aller en Angleterre.
d. Le conte que je préfère est *Peau d'âne*.
e. Je serai en vacances la semaine prochaine.

15 Cette jeune femme a un visage **souriant**. Ses cheveux sont **courts**. Ils sont **bruns** et **bouclés**. Elle des yeux **marrons**. Son nez est **rond**.

16 Production libre

17 **a)** le girafon – la girafe – gazelles – zèbres – hippopotames
b) Le petit de la girafe se nomme Enzo.
c) Suggestions : le lion et l'hyène

18 **a)** le caneton – les canards – les poules – le chat
b) Suggestion : caneton → des ailes, des plumes, un bec, des pattes, un œuf
c) Suggestions : l'aigle et l'autruche

EXERCICES TRANSVERSAUX

19 **a.** Tu [as préparé] ton cartable. → passé composé
b. Vous [soufflliez] sur le chocolat chaud. → imparfait
c. Je [poussais] mon vélo dans la côte. → imparfait
d. Ils [sont montés] en haut du phare. → passé composé
e. Elle [a cherché] sa montre. → passé composé

20 **a)** Les verbes de ce texte sont conjugués à l'imparfait.
b) avec – et
c) Elle [est] jolie avec ses yeux doux, sa barbiche [et] ses sabots noirs [et] luisants.

21 Suggestions : **a.** Oui, j'ai un animal de compagnie.
b. Non, je ne connais pas la recette des crêpes.
c. Oui, je peux te prêter ce jeu.
d. Non, je ne sais pas grimper aux arbres.

22 Quand la nuit **est** tombée, Octave se met **à** la fenêtre. Il observe l'immeuble d'en face. Au premier étage, une vieille dame donne **à** manger **à** son chat.
Plus haut, un homme **est** assis sur un tapis et il regarde un film **à** la télévision. Au dernier étage,un enfant **a** des jouets devant lui. Il **a** dans la mainun album **à** colorier.
b) Plus haut, un homme étais assis sur un tapis et il regardait un film à la télévision.
c) chat → chaton ; tapis → tapisser ; enfant → enfantin

EXERCICES D'ÉCRITURE

23 Production libre

24 Production libre

Orthographe rectifiée

1 L'accent circonflexe disparaît sur le *i* et sur le *u*.

un maître → un maitre *un coût → un cout*

- abîmer → abimer
- l'aîné → l'ainé
- apparaître → apparaitre
- une boîte → une boite
- brûler (et tous les mots de la même famille : brûlant, une brûlure...) → bruler
- connaître (et tous les mots de la même famille : reconnaître...) → connaitre
- le dîner → le diner
- s'entraîner (et tous les mots de la même famille : l'entraîneur, un entraînement...) → s'entrainer
- goûter (et tous les mots de la même famille : le goûter, le goût, le dégoût...) → gouter
- une île (et tous les mots de la même famille : un îlot, une presqu'île...) → une ile
- le maître (et tous les mots de la même famille : la maîtresse, maîtriser...) → le maitre
- mûr/mûre → mûr/mure
- un traîneau (et tous les mots de la même famille : traîner...) → un traineau

2 On met un accent grave plutôt qu'un accent aigu dans certains mots.

un événement → un évènement

- un événement → un évènement

3 Certains mots composés perdent le tiret, de même que les noms composés « savants » ou d'origine étrangère.

un extra-terrestre → un extraterrestre
un week-end → un weekend

- le basket-ball → le basketball
- une chauve-souris → une chauvesouris
- une basse-cour → une bassecour
- le ping-pong → le pingpong
- un pique-nique (et tous les mots de la même famille : pique-niquer...) → un piquenique
- une plate-forme → une plateforme
- un porte-clés → un porteclés
- un porte-manteau → un portemanteau
- un week-end → un weekend

4 Les verbes en *-eler* ou *-eter* se conjuguent sur le modèle de *peler* ou de *acheter*. Les dérivés en *-ment* suivent les verbes correspondants. Font exception à cette règle *appeler*, *jeter* et leurs composés (y compris *interpeler*).

- ils s'amoncellent → ils s'amoncèlent
- il épelle → il épèle
- il feuillette → il feuillète

Achevé d'imprimer en juin 2019
sur les presses de la Nouvelle Imprimerie Laballery – 58500 Clamecy
Dépôt légal : juin 2019 N° d'impression : 905603
Collection n°21 - Edition n°1 - 74/2753/9
Imprimé en France

La Nouvelle Imprimerie Laballery est titulaire de la marque Imprim'Vert®